HEYNE

Der Autor

Kurt Tepperwein, geboren 1932 in Lobenstein, war erfolgreicher Unternehmer, ehe er sich 1973 aus dem Wirtschaftsleben zurückzog. Er wurde Heilpraktiker und Forscher auf dem Gebiet der wahren Ursachen von Krankheit und Leid. Er lehrte an verschiedenen internationalen Institutionen, seit 1997 ist er Dozent an der *Internationalen Akademie der Wissenschaften*. Er gilt als einer der bekanntesten Lebenslehrer Europas.

Kurt Tepperwein ist Autor von mehr als 50 Büchern, Audiotapes und CDs. Wenn er sich nicht auf Vortragsreise befindet, lebt der Autor auf Teneriffa.

KURT TEPPERWEIN

Gelebte Achtsamkeit

Der Königsweg zu Freiheit und Fülle

WILHELM HEYNE VERLAG
MÜNCHEN

FSC
Mix
Produktgruppe aus vorbildlich
bewirtschafteten Wäldern und
anderen kontrollierten Herkünften

Zert.-Nr. SGS-COC-1940
www.fsc.org
© 1996 Forest Stewardship Council

Verlagsgruppe Random House FSC-DEU-0100
Das für dieses Buch verwendete
FSC-zertifizierte Papier *Lux Cream*
liefert Stora Enso, Finnland.

Das vorliegende Buch ist sorgfältig erarbeitet worden.
Dennoch erfolgen alle Angaben ohne Gewähr.
Weder Autor noch Verlag können für eventuelle Nachteile
oder Schäden, die aus den im Buch gemachten praktischen
Hinweisen resultieren, eine Haftung übernehmen.

Originalausgabe 02/2010

Copyright © 2010 by Wilhelm Heyne Verlag, München,
in der Verlagsgruppe Random House GmbH
Printed in Germany 2010
Fotos: © Christine Scheurl
Umschlaggestaltung: HildenDesign, München,
unter Verwendung eines Motivs von © milinz / Shutterstock
Herstellung: Helga Schörnig
Gesetzt aus der 10,2/14 Punkt Thesis
bei Christine Roithner Verlagsservice, Breitenaich
Druck und Bindung: GGP Media GmbH, Pößneck

ISBN 978-3-453-70129-8

http://www.heyne.de

Inhalt

Zur Einstimmung 9

ERSTES KAPITEL
**ACHTSAMKEIT ALS BEWUSSTSEINSWEG –
EINE SEGENSREICHE LEBENSPHILOSOPHIE** 17
Ein achtsames Leben 17
Subjektive Beobachtung versus
    klare Wahrnehmung 20
Praxis der Achtsamkeit: Der einfache Atem 25
Eine kleine Geschichte: *Das Recht, das Urteil
    und die Wahrheit* 28

ZWEITES KAPITEL
**DIE GESETZE DER ZEIT – WAS IST
EIN AUGENBLICK?** 31
Physik und Philosophie im Rhythmus
    der Zeit 31
Zeit und gelebte Achtsamkeit 38
Praxis der Achtsamkeit: Der Hüter der Zeit 45
Eine kleine Geschichte: *Die Schnecke
    und die Zeit* 52

DRITTES KAPITEL

WEGE UND WERKZEUGE DER WAHRNEHMUNG 55

Die Ebenen der bewussten Wahrnehmung 55

Die Werkzeuge der Wahrnehmung 63

Praxis der Achtsamkeit: Das Tor
des Himmels öffnen 70

Eine kleine Geschichte: *Ein Gedanke* 74

VIERTES KAPITEL

DIE VOLLBEWUSSTE ACHTSAMKEIT 77

Die Spiritualität in der achtsamen
Wahrnehmung 77

Der heilige Gedanke 84

Praxis der Achtsamkeit: ICH BIN 90

Eine kleine Geschichte: *Die Nicht-*
unterscheidung 94

FÜNFTES KAPITEL

HINDERNISSE LOSLASSEN AUF DEM
ACHTSAMEN WEG 97

Hürden und die Wachstumschancen,
die sie bieten 97

Praxis der Achtsamkeit: Wahrnehmen
und Erlösen von Scheinsicherheiten 117

Eine kleine Geschichte: *Bruder Mangel*
und Bruder Überfluss 121

SECHSTES KAPITEL

ACHTSAMKEIT ALS GESUNDE LEBENSWEISE 125

Achtsamkeit und Körperbewusstsein 126

Achtsamkeit und Ernährung 134

Praxis der Achtsamkeit: Meditation
über die sieben Körperebenen 145

Eine kleine Geschichte: *Mein Körper und ICH* 150

SIEBTES KAPITEL

ACHTSAMKEIT IM SOZIALEN MITEINANDER 153

Achtsamkeit und Partnerschaft 154

Achtsamkeit und Kommunikation 172

Praxis der Achtsamkeit: Die Weisheit
des Herzens – eine Meditation der Liebe 177

Eine kleine Geschichte: *Eine Kommunikation
der anderen Art* 180

ACHTES KAPITEL

ACHTSAMKEIT IM LEBENSRAUM 185

Achtsamkeit und unmittelbare Umgebung 185

Achtsamkeit und Natur 192

Praxis der Achtsamkeit: Die Elemente der Erde 197

Eine kleine Geschichte: *Achtsamkeit
und Erleuchtung* 200

ZUM AUSKLANG 203

ZUR EINSTIMMUNG

Liebe Leserin und lieber Leser,

ich begrüße Sie sehr herzlich zu einer gemeinsamen Reise ins Land der achtsamen Lebensführung.

Wahrscheinlich haben Sie schon einiges über unseren Bestimmungsort erfahren, haben Bücher gelesen oder Seminare besucht, die sich dem Thema Achtsamkeit widmen. Doch klafft zwischen solchem Wissen und der praktischen Umsetzung eine ähnlich große Lücke wie zwischen Reiseführern und den Zielen, die sie beschreiben. Wir lesen, verstehen und glauben zu wissen, was uns erwartet. Achtsamkeit Tag für Tag zu praktizieren und ihren wahren Wert im Inneren zu erkennen verlangt aber erheblich mehr als nur die Bereitschaft, Informationen darüber zu sammeln. Achtsamkeit ins tägliche Leben zu integrieren bedarf einer klaren und bewussten Entscheidung.

Aber, fragen Sie sich vielleicht, haben wir im Alltag nicht ständig an irgendetwas zu denken, Unmengen von Tätigkeiten zu bewältigen, werden wir nicht immerzu von scheinbar wichtigen Angelegenheiten abgelenkt? Und gibt es in einem solchen Leben überhaupt Platz für fortwährende Achtsamkeit und Aufmerksamkeit? Bleibt dieses Privileg vielleicht Mönchen und Nonnen vorbehalten, die im Kloster leben und keinen »normalen«, bürgerlichen Alltag haben? Oder ist ein Leben in Achtsamkeit etwa nur möglich, wenn wir finanziell so gut abgesichert sind, dass wir uns Dauerurlaub auf einer abgelegenen Insel leisten können?

Nein, eines kann ich Ihnen jetzt schon versichern: Zu einem Leben in Achtsamkeit sind wir *jederzeit und unter allen Umständen* in der Lage. Ausschlaggebend ist allein die Erkenntnis, dass wir immer wieder – jetzt – die Wahl haben, uns für ein achtsames Leben zu entscheiden. Wenn wir es wirklich ernst meinen, folgt der Absicht (zunächst unmerklich vielleicht) eine innere Veränderung. Eine Art Sog entsteht, der mich immer wieder an die Achtsamkeit er-innert, will heißen: in meinem Inneren etwas in Bewegung bringt.

Da die gelebte Achtsamkeit, die bewusste Wahrnehmung des Augenblicks, eine sehr intensive Erfüllung mit sich bringt, ließ mich der Gedanke, ein Buch über dieses Thema zu schreiben, lange nicht los. Dabei war es mir ein besonderes Anliegen, mich nicht allein theoretisch zu äußern, sondern dem Text auch viele praktische Anregungen beizugeben. Daher steht gegen Ende jedes Kapitels eine Achtsamkeitsübung. Darüber hinaus war es mir auch wichtig, in diesem Buch selbst kleine Inseln der Achtsamkeit zu erschaffen: Ich spreche von den Fotos, die dazu dienen, Sie mit der Stille in Ihrem Inneren in Kontakt zu bringen. Sobald

Sie beim Lesen auf ein Foto stoßen (manchmal sogar mitten im Text), bitte ich Sie, es mit gesammeltem Geist zu betrachten. Unterbrechen Sie dafür die Lektüre ein paar Minuten lang und lassen Sie sich vollkommen auf das Bild ein. Den dazugehörigen kurzen Text decken Sie anfangs noch zu, damit Ihr Geist nicht abgelenkt wird. Seien Sie dann der neutrale Beobachter, der alle Assoziationen, Gedanken und Gefühle, die das Foto hervorruft, ganz bewusst wahrnimmt. Während Sie in gesammelter Achtsamkeit bei dem Bild verweilen, geben Sie der Stille in Ihrem Inneren Raum. Lassen Sie einfach geschehen. Die jeweiligen Texte – eine kleine Geschichte der Achtsamkeit oder eine kurze, aussagekräftige Erkenntnis der Weisheit – lesen Sie erst nach einigen Minuten. Auch sie vertiefen das Verständnis der Achtsamkeit und erweitern bzw. überschreiten den Denkprozess des Geistes.

Anfänglich mag es ein wenig Disziplin erfordern, die Fotos in der beschriebenen Art und Weise zu betrachten. Zumindest ist dafür die bewusste Entscheidung notwendig, jetzt, in diesem Augenblick, den Geist darauf zu lenken und nicht einfach weiterzulesen. Vielleicht verspüren Sie sogar einen gewissen Widerstand dagegen, sich dermaßen intensiv auf das Bild einzulassen. Doch seien Sie versichert, bei regelmäßiger Übung wird er sich bald legen. Dann wird sich Ihr Geist allmählich daran gewöhnen, Vorgänge, die Ihnen längst in Fleisch und Blut übergegangen sind, wie etwa das Lesen, zu unterbrechen, um den gegenwärtigen Augenblick in vollkommener Achtsamkeit wahrzunehmen. Zudem bietet die Unterbrechung des Textes durch die Betrachtung der Fotos eine gute Gelegenheit, die gewohnte lineare Denkstruktur zu verlassen und sich einem grenzenlosen Gewahrsein zu öffnen.

Der Tag wird kommen, an dem Sie keine Unterbrechung mehr benötigen. Dann wird das Lesen selbst ein vollkommener Ausdruck gelebter Achtsamkeit sein. Entsprechend wird sich auch Ihr Alltag verändern. Egal, ob Sie am Schreibtisch sitzen, sich in einem Gespräch befinden, ob Sie kochen oder Sport treiben, immer häufiger werden Sie sich in achtsamer Lebensführung üben. Mögen die Bilder Sie stets an den achtsamen Umgang mit dem gegenwärtigen Augenblick und an die unermessliche Fülle des jetzigen Moments erinnern.

Diesen Wunsch verbinde ich auch mit den praktischen Übungen, die ich Ihnen vorschlage. Je regelmäßiger Sie diese in Ihren Alltag einbauen, desto besser wird es Ihnen gelingen, ein achtsames Leben zu verwirklichen. Und irgendwann, vielleicht sogar ohne dass Sie es bemerken, sind diese Erfahrungen dann ein natürlicher Bestandteil Ihres Alltags geworden. Dann beschreiten Sie nicht mehr den Pfad der Achtsamkeit, sondern *sind* dieser Pfad.

Bis es so weit ist, gilt: Lassen Sie sich nicht stressen – weder von außen noch von sich selbst. Denn Druck und Zwänge jeder Art schwächen Ihre Präsenz im Augenblick und hindern Sie daran, in Ihre Mitte zu kommen. Das Resultat käme einer »äußeren Zentrie-

*»Ein einziger Augenblick
kann dir das gesamte Geheimnis des Lebens enthüllen.«*

rung« gleich – was ein Widerspruch in sich ist –, ganz so, als würden Sie versuchen, den Mittelpunkt eines Kreises nach außen zu verschieben.

Bevor unsere gemeinsame Reise in die Achtsamkeit richtig losgeht, möchte ich Ihnen eine kleine Geschichte erzählen, die ich kürzlich erlebt habe.

Es ist Ende Oktober, also noch weit vor der Adventszeit – sollte man zumindest meinen. Doch diesmal scheint die alljährlich über das Land hereinbrechende Vorweihnachtshektik einen Monat früher dran zu sein als sonst. Ich sitze in einer Bäckerei mit angeschlossenem Café, trinke einen Tee und beobachte die Eingangstür, die sich ständig öffnet und schließt. Menschen kommen und gehen, sie haben den Blick gesenkt, wollen sich nur kurz einen Imbiss holen. Mitunter begegnen sich zwei Augenpaare; Bekannte begrüßen einander flüchtig, voller Hast. Wortfetzen dringen an mein Ohr, »... sehr eilig ...«, »... leider keine Zeit ...«. Würden sich in den Gesichtern glückliche Erfüllung und heitere Freude ausdrücken, könnte man von »Lebendigkeit des Seins« sprechen. So aber ...

Doch halt! Aus irgendeinem Grund wende ich den Kopf und entdecke ganz hinten im Café eine Person, deren Ausstrahlung von bemerkenswerter Kraft und Ruhe ist. In einer Ecke, abseits der Hektik, sitzt unauffällig eine ältere Dame. Sie ist sehr einfach gekleidet, aber in ihren Augen scheinen tausend Sonnen zu funkeln. Entspannt nippt sie an einer Tasse Kakao und wendet sich dann einem Kreuzworträtsel zu. Ab und zu huscht ein erfreutes Lächeln über ihr Gesicht – wohl ein Zeichen dafür, dass sie der Lösung des Rätsels einen Schritt näher gekommen ist. Doch sobald sie ihre Tasse in die Hand nimmt, ist sie wieder ganz Genuss. Ganz Kakao. Ich kann ihre Freude an dem, was sie jeweils gerade tut, förmlich spüren. Wenn sie trinkt, trinkt sie und wenn sie rätselt, rätselt sie – mit ungeteilter Aufmerksamkeit. Ihr Sein ist ein reiner Ausdruck gelebter Achtsamkeit. Selbst als eine junge Familie an ihrem Tisch Platz nimmt, weil kein anderer frei ist, bleibt sie ihrer freundlich-entspannten Aufmerksamkeit treu. Nichts scheint sie auch nur im Geringsten aus der Ruhe bringen zu können, weder das geschäftige Treiben, das herrscht, noch der Lärm, der damit verbunden ist.

Während ich aufstehe, um das Lokal zu verlassen, schaut sie kurz hoch und nickt mir mit einem herzlichen Lächeln zu, als seien wir im Wissen um das achtsame Leben im Alltag vereint, ein Leben, das von Heiterkeit, Leichtigkeit und Erfüllung geprägt ist.

Ist das nicht eine wunderbare Geschichte? Die ältere Dame wird mir bestimmt noch lange im Gedächtnis bleiben – als lebendiges Beispiel für ein achtsames, glückliches und erfülltes Sein.

Eines darf ich bei dieser Gelegenheit gleich noch hinzufügen: Nein, Achtsamkeit ist keine Frage des Alters. Wenn Sie wollen, können Sie jederzeit damit beginnen – genau jetzt, in diesem Augenblick. Ich lade Sie sehr herzlich dazu ein.

ERSTES KAPITEL

ACHTSAMKEIT ALS BEWUSSTSEINSWEG – EINE SEGENSREICHE LEBENSPHILOSOPHIE

Ein achtsames Leben

Beginnen wir mit dem Ziel und lassen wir vor unseren Augen die Achtsamkeit lebendig werden. Ich möchte Sie gern ein wenig neugierig machen. Setzen wir voraus, Sie hätten das Buch bereits gelesen, die verschiedenen Anregungen integriert und würden jetzt ein gesegnetes, achtsames Leben führen. Was glauben Sie: Wie sieht es aus?

Hier einige Beispiele:
- Wenn Sie am Morgen die Augen öffnen, sind Sie sich Ihrer universellen, göttlichen Kraft bewusst.
- Der Tag beginnt in harmonischem Einklang mit dem Leben.
- Das Leben zeigt sich so, wie es ist – weder besser oder schlechter.
- Sie verändern mit Leichtigkeit das, was möglich ist.
- Sie nehmen liebevoll an, was nicht verändert werden kann.

- Sie erkennen die Illusion der Zeit als ein individuelles Resultat des Bewusstseins.
- Ihre Wahrnehmung ist gelassen, klar und absichtslos.
- Sie haben aufgehört, sich, andere Menschen, Situationen und Handlungen negativ oder positiv zu bewerten.
- Durch Ihre gelebte Achtsamkeit enttarnen sich alle Unwahrheiten, alle künstlichen Masken und gespielten Rollen – bei Ihnen selbst ebenso wie bei anderen.
- Sie nehmen die Wirklichkeit wahr.
- Sie leben in absoluter Authentizität.
- Sie öffnen sich dem universellen Strom und lieben das Leben.

Es gäbe noch viele weitere Kriterien für ein achtsames Leben. Die Aufzählung lässt jedoch bereits erahnen, welch großen Segen uns die gelebte Achtsamkeit schenken kann. Sie dient der menschlichen Bewusst-Werdung, und somit können wir sie als Lebenskunst oder auch Lebensphilosophie bezeichnen. Es ist eine Möglichkeit, das Leben einfach und wertfrei zu betrachten und es folglich lieben zu lernen, wohl bemerkt unter Ausschluss der uns sehr vertrauten, weit umherschweifenden Interpretationen des Verstandes. Sobald Sie denken, leben Sie nicht mehr im Augenblick und verschenken einen beträchtlichen Teil eines erfüllten Lebens. Sie können es natürlich trotzdem tun, nichts spricht dagegen. Es ist immer Ihre Wahl, wie Sie Ihr Leben gestalten möchten.

Ich jedoch habe mir angewöhnt, mich des Denkens nur dann zu bedienen, wenn ich es wirklich brauche. In einem achtsamen Leben gibt es keine ehrgeizigen Gedanken oder Pläne mehr – das, was der Mensch benötigt, fließt ihm ohnehin zu. Ich muss es dem Leben nur gestatten.

Manche Menschen glauben die gelebte Achtsamkeit bereits vollkommen integriert zu haben und vermissen dennoch den Fluss des Lebens, diese absolute Leichtigkeit im Sein. Oftmals ist der Intellekt die Ursache, der die Tiefe einer achtsamen Wahrnehmung mit ihren wunderbaren Geschenken verhindert. Achtsam-

»Achtsamkeit beginnt bei dir selbst:
Achte dich in jedem Augenblick
und du wirst Achtung ernten.«

keit wird manchmal mit der präzisen intellektuellen Interpretation einer erlebten Situation verwechselt. Damit Ihnen dieser Umweg von vornherein erspart bleibt, unterscheiden wir im Folgenden zwischen subjektiver Beobachtung und klarer Wahrnehmung.

Subjektive Beobachtung versus klare Wahrnehmung

Normalerweise verstehen wir unter achtsamer Beobachtung z. B.: Ich sehe einen Hund und konzentriere mich darauf. Und statt nun ausschließlich diesen Hund in seiner ganzen Individualität wahrzunehmen, setzt augenblicklich der Verstand ein.

In Bruchteilen von Sekunden zieht dieses durchaus sehr wertvolle Überlebensinstrument Vergleiche mit ähnlichen Erlebnissen aus der Vergangenheit. Kategorisiert und eingeordnet präsentiert sich dann das jeweilige Ergebnis; beispielsweise: »Vor fremden Hunden muss man Angst haben ...« Zugleich schüttet der Körper entsprechende Hormone aus, und die Person wird von einem Schwall an Gefühlen erfasst, die es sofort zu kontrollieren gilt. Die Konsequenz der Beobachtung könnte dann etwa lauten: »Ein großer, brauner, schlabbernder und stinkender Hund, unangenehm und unfreundlich. Er tut mir nicht gut!« – unabhängig davon, wie der Hund *wirklich* ist. Ein anderer wird vielleicht genau den gleichen Hund in der gleichen Situation als liebevoll, treuherzig und verspielt wahrnehmen.

Von klarer Wahrnehmung und Vertrauen ins Leben zeugt eine solche Art der Beobachtung wohl kaum. Das, was wir erleben, ist eine verzerrte Illusion, gespeist aus den interpretierten Erfahrungen der Vergangenheit. Anhand dieses Beispiels erkennen wir in aller Deutlichkeit, wie subjektiv die Wahrnehmungen, genauer gesagt: die Interpretation des Erlebten, sind. Gehen wir noch einen Schritt weiter, wird uns tief in unserem Gewahrsein bewusst, dass ausnahmslos alle Erlebnisse im Außen aufgrund innerer Mängel, nicht verarbeiteter Erfahrungen und antrainierter Muster registriert werden. Doch ich will nichts vorwegnehmen – kehren wir wieder zur Beobachtung zurück.

Im Gegensatz zur subjektiven Beobachtung steht die klare Wahrnehmung. (Um den Unterschied zu erklären, verwende ich die Begriffe »Beobachtung« und »Wahrnehmung« als voneinander getrennt und gegensätzlich.) Ich sehe einen Hund und lasse mich vollkommen auf diesen Augenblick ein. Es ist wie ein Hineinfallen und Vertrauen in die Energie des jetzigen Moments. Keine Gedanken vergleichen oder urteilen und keine Gefühle trüben die Wahrnehmung. Ich sehe den Hund, wie er ist, und enthalte mich jeder Eingliederung in ein vorgefertigtes System oder eine gegebene Struktur. Diese Enthaltung fällt ganz leicht. Im Gewahrsam taucht keinerlei Gedanke an eine Bewertung auf. Ich lasse mir von den wahrgenommenen Objekten zeigen, was sie sind – und das jedes Mal aufs Neue. Es ist wie die unschuldige Wahrnehmung eines Kindes, das zum ersten Mal einen Stein, eine Blüte, ein Auto erblickt. Mit dieser Achtsamkeit erfahre ich das Leben selbst in seinem Ursprung und bin zugleich eingebettet in unendliches Vertrauen. Dieses Vertrauen kann ich nicht aufgrund äußerer Sicherheiten oder mentaler Anstrengungen gewinnen, es offenbart sich als immerwährend unmittelbar. Die Erfahrung und der Erfahrende selbst transzendieren sich dank der universellen Kraft. In Asien bezeichnet man dieses Erleben als das Tao selbst, eine Weisheit, die dem Denken vorenthalten bleibt und nur in sich selbst erfahren werden kann.

In späteren Kapiteln werden wir uns noch tiefer auf die Ebenen der Wahrnehmung einlassen, doch so viel sei hier bereits gesagt: Subjektive Beobachtung verlangt stets nach Konzentration und ist immer mit geistiger Anstrengung verbunden. Die klare Wahrnehmung dagegen geschieht sehr leicht durch einfaches Sich-Öffnen und Geschehenlassen. Es ist ein passiver Vorgang, aus dem Aktivität entsteht; eine Lebensweise, die uns in den westlichen Industrieländern eher fremd erscheint, sind wir es doch gewohnt, an erster Stelle aktiv zu sein, um die gewünschten Erfolge zu erzielen. So mag es Sie bitte nicht verwundern, sollten Sie anfangs Schwierigkeiten damit haben, sich ein scheinbar passives Geschehenlassen zu erlauben. Mithilfe der Übungen, die gegen Ende der Kapitel dieses Buches vorgestellt werden, werden Sie jedoch ein

»Es gibt drei Wahrheiten:
meine Wahrheit,
deine Wahrheit
und die Wahrheit.«

CHINESISCHES SPRICHWORT

Meister darin werden. Haben Sie Geduld und vertrauen Sie bedingungslos sich selbst.

Das Beispiel der Wahrnehmung des Hundes verdeutlicht, dass die gelebte Achtsamkeit tatsächlich ein Bewusstseinsweg ist. Die klare Wahrnehmung ist ein wesentlicher Bestandteil davon. Je mehr getrübte Gedanken, Vorstellungen und Erwartungen in der Beobachtung weichen, desto klarer und eindeutiger wird die Wahrnehmung der Wirklichkeit. Sogar Physiker sprechen von einem Unterschied zwischen Wirklichkeit und Realität. Wirklichkeit ist das, was ist. Realität ist stets die subjektiv gefärbte Wahrnehmung der scheinbaren Wirklichkeit. Achtsamkeit lässt uns die Wirklichkeit so erleben, wie sie ist. Nicht mehr, nicht weniger und so einfach.

Wenden wir uns nun der ersten Achtsamkeitsübung zu. Wählen Sie dafür eine Umgebung, in der Sie ungestört sind, und bemessen Sie die Zeit, die Sie darauf verwenden, großzügig. Nichts ist störender, als sofort nach einer wohltuenden Übung zum nächsten Termin hetzen zu müssen und dadurch ihren nachhaltigen Effekt nicht wahrnehmen zu können. Erlauben Sie sich diesen persönlichen Freiraum mit möglichst viel Selbstverständnis und innerer Freude.

Wenn Sie wollen, setzen Sie jetzt bewusst die Absicht: »Ich nehme mir jetzt Zeit nur für mich und lasse mich mit spielender Leichtigkeit und wacher Aufmerksamkeit auf diese Übung ein.«

Sind Sie bereit? Wir beginnen mit einer einfachen und doch sehr intensiven Übung, die unsere Aufmerksamkeit vom Außen abzieht und nach innen lenkt. Führen Sie jeden Schritt entspannt und in Ruhe durch, bevor Sie zum nächsten übergehen.

Praxis der Achtsamkeit: Der einfache Atem

❏ Schließen Sie die Augen und atmen Sie ganz ruhig ein und aus.

❏ Sollte ein Geräusch an Ihr Ohr dringen, akzeptieren Sie einfach, dass es auftritt. Es darf da sein, genau wie die Luft, die Sie einatmen.

❏ Lenken Sie nun Ihre Aufmerksamkeit bewusst auf Ihren Atem – ganz leicht und selbstverständlich. Dazu ist keine Anstrengung nötig.

❏ Folgen Sie ruhig und gelassen Ihrem Atem: Sie atmen frische Luft ein und verbrauchte Luft wieder aus. Praktizieren Sie dies mehrere Atemzüge lang.

❏ Jetzt atmen Sie mehrmals ganz bewusst in Ihren Bauch – weiterhin ohne Anstrengung.

❏ Nehmen Sie nun mit all Ihren Sinnen den Weg der Luft wahr. Wie fühlt sich die Luft beim Einatmen an? Was spüren Sie dabei genau in Ihrer Nase? Welche Temperatur nehmen Sie wahr? Ist die Luft warm oder kalt? Kitzeln die Härchen in Ihrer Nase? Ist es angenehm oder weniger angenehm? Beobachten Sie weiterhin den Weg der Atemluft: in der Luftröhre, in den Lungen, Bronchien und Bronchiolen. Wie tief können Sie einatmen? Welche Gefühle treten auf? Wie reagiert Ihr Brustkorb, Ihr Bauch? Bewerten Sie nichts, beobachten Sie nur, was sich zeigt.

❏ Nehmen Sie nun mit klarer Aufmerksamkeit Ihre Reaktionen beim Ausatmen wahr, genauso leicht und präzise wie zuvor beim Einatmen.

❏ Wiederholen Sie das bewusste Ein- und Ausatmen mehrere Male.

❑ *Im nächsten Schritt verbinden Sie in Ihrer aufmerksamen Wahrnehmung bewusst das Aus- und Einatmen und beobachten ganz gezielt die »Schnittstelle«, an der das Einatmen ins Ausatmen und das Ausatmen ins Einatmen übergeht. Halten Sie dabei Ihren Atem nach dem Einatmen kurz an. Praktizieren Sie diesen Teil der Übung, solange er Ihnen guttut und Freude bereitet.*

❑ *Wenn Sie die Übung beenden wollen, atmen Sie ein paar Mal tief durch und öffnen die Augen. Spüren Sie abschließend, inwiefern sich Ihr Körper, Ihre Gefühle und Ihre Wahrnehmung verändert haben.*

Ich persönlich liebe Atemübungen sehr, da ich sie jederzeit und an jedem Ort durchführen kann. Ich benötige dafür kein Hilfsmittel – meinen Atem habe ich ja immer und überall dabei, desgleichen meine bewusste Aufmerksamkeit. Je achtsamer diese Übung gelingt, desto intensivere Erfahrungen stellen sich ein. Gerade der Übergang, die exakte Schnittstelle des Ein- und Ausatmens, ist ein besonderer Augenblick. Hier berühren wir das ewige Jetzt. Der Ein-Atem hat seine größte Ausdehnung erreicht und der Aus-Atem steht kurz bevor. Dies ist das Momentum außerhalb jeder Handlung und außerhalb jeder Zeit. Ein Fenster, das sich in die Unendlichkeit, die Ewigkeit öffnet.

Die vorangegangene Übung war bereits eine intensive Schulung der Achtsamkeit und der wertfreien Wahrnehmung. Sie wissen um die Subjektivität des

Lebens ebenso wie um die Tatsache, dass Beobachtungen trotz unheimlich schneller Abläufe im Computer Mensch verzögerte Resultate und Verzerrungen der Vergangenheit demonstrieren. Wollen wir die Achtsamkeit wahrhaft praktizieren und intensivieren, kommen wir nicht umhin, uns mit dem wichtigen Thema der Zeit zu befassen. Dabei haben wir es mit einem subjektiven ebenso wie mit einem kollektiven Gedankengebäude zu tun, das womöglich einige Umbaumaßnahmen und Erweiterungen nötig hat. Freuen Sie sich mit mir auf ein spannendes Kapitel, das vielleicht die lineare Gedankenwelt ein wenig zu sprengen vermag.

Eine kleine Geschichte:
Das Recht, das Urteil und die Wahrheit

Ein Mann kommt ganz aufgeregt zum Meister. »Meister, bitte sage mir, wer hat Recht? Mein Nachbar wirft seine Abfälle über meinen neu errichteten Zaun auf mein Grundstück. Darf er dies tun oder bin ich im Recht?«

Der Meister antwortet: »Du hast Recht.« Der Mann zieht zufrieden seines Weges.

Kurz darauf besucht der Nachbar den Meister und begrüßt ihn mit den Worten: »Meister, bitte sage mir: Wer hat Recht? Mein Nachbar errichtete einen neuen Zaun und verhindert, dass ich meinen Abfall an dem seit Jahren dafür vorgesehenen Platz entsorge. Darf er dies tun oder bin ich im Recht?«

Der Meister antwortet: »Du hast Recht.« Zufrieden zieht der Nachbar seines Weges.

Es dauert nicht lange, und beide sprechen gemeinsam beim Meister vor.

»Meister, was erzählst du uns? Du sagst, beide hätten wir Recht? Das kann doch nicht die Wahrheit sein?«

Der Meister lächelt und spricht: »... und doch ist es eure Wahrheit. Ein jeder sieht genau das, was er sehen will, und fällt sein Urteil. Die Erschaffung der Welt ist ein Spiegel eurer Gedanken und somit eure persönliche Wahrheit und Wirklichkeit. Das ist alles, was ich dazu zu sagen habe. Bevor ihr geht, stelle ich eine einzige wichtige Frage. Lasst euch Zeit und überlegt die Antwort wohl. Es kann bereits morgen nichts mehr so sein, wie es vorher war. Es liegt allein bei euch.

Die Frage lautet: Seid ihr bereit, eure Welt zu verändern und mit den Augen des Herzens und der Liebe zu sehen?«

Beide verneigen sich dankend vor dem Meister, grüßen einander und ziehen mit erstaunten und doch wissenden Blicken ihres Weges.

ZWEITES KAPITEL

DIE GESETZE DER ZEIT – WAS IST EIN AUGENBLICK?

Physik und Philosophie im Rhythmus der Zeit

Zum Thema Zeit glauben wir einiges zu wissen. Meist geht dieses Wissen nicht über den Schulunterricht hinaus, dennoch präsentiert das Leben jedem eine Reihe an Erfahrungen im Umgang mit diesem Phänomen:

»Ich habe keine Zeit.«
»Mir läuft die Zeit davon.«
»Ich schaute um die Mittagszeit auf die Uhr, und es war erst zehn ...«
»Ich hatte das Gefühl, die Zeit sei stehengeblieben.«
»Der Tag müsste 48 Stunden haben, um alle Aufgaben zu bewältigen.«
»Zeit ist Geld.«

Dies ist eine kleine Auswahl von Aussagen, die sich aufgrund der Erfahrungen vieler Individuen zu scheinbar eindeutigem Wissen und Glaubensmuster zugleich verdichtet hat. Der Umgang mit der Zeit scheint im Alltag immer wichtiger zu werden. Die Informationsflut nimmt beispiellose Ausmaße an; ständig will jemand etwas von uns – sei es am Arbeitsplatz oder im Privatleben. Immer weniger Zeit muss einer immer massiver werdenden Flut von Anforderungen gerecht werden. Dass wir im täglichen Umgang damit den »Zeit-Zenit« bereits überschritten haben, zeigen obige Aussagen sehr deutlich. Gleichwohl werfen sie einige berechtigte Fragen auf:

Sind wir Menschen tatsächlich Besitzer der Zeit, »habe« ich die Zeit wirklich?
Basiert das Zeitphänomen einzig auf unserer Wahrnehmung?
Ist die Zeit ein subjektiv dehnbares Element?
Wird das von den Menschen festgelegte Zeitmaß unseren Anforderungen gerecht?
Verlieren wir uns in der Zeit und büßen daher unsere Macht über die Realität ein?

Versuchen wir diese Fragen der »Wirklichkeit« entsprechend zu beantworten und das Thema aus verschiedenen Blickwinkeln zu durchdringen.

Physiker und Philosophen sind sich heute einig, dass es die Zeit so, wie wir sie wahrnehmen, gar nicht gibt. Das Erleben der Zeit sei stets abhängig vom Bezugssystem, so die Physiker. Wenn wir zwei Systeme nebeneinander betrachten und eines davon in relativ großer Geschwindigkeit an einem scheinbar langsameren zweiten System vorbeifliegt, erfährt die Zeit in dem schnelleren System eine Ausdehnung; dort vergeht sie also erheblich langsamer. Wären z. B. Zwillingsbrüder auf diesen verschiedenen Systemen, wäre der eine längst alt, während sich der andere noch seiner besten Jahre erfreuen könnte. Zeitempfinden hängt also vom Bewusstsein ab – demnach gibt es ohne Bewusstsein keine Zeit. Der Verstand wird spätestens jetzt zu rebellieren beginnen, wenn er nicht sogar streikt. Was aber ist dieser »Strom der Zeit«, den wir tatsächlich als »teils langsamer, teils schneller vorbeifließend« im Raum-Zeitgefüge wahrnehmen?

Bereits vor mehr als 80 Jahren war es für den Mathematiker Hermann Weyl eine gültige Tatsache, dass wir uns nicht in einem dreidimensionalen Raum befinden, der uns einen Zeitfluss von Vergangenheit, Gegenwart und Zukunft wahrnehmen lässt. Nein, es existiert ein vierdimensionales Kontinuum, in dem sich die objektive Welt nicht entwickelt, sondern einfach geschieht. »Nur vor dem Blick des in den Weltlinien der Leiber emporkriechenden Bewusstseins ›lebt‹ ein Ausschnitt dieser Welt ›auf‹ und zieht an ihm vorüber als räumliches, in zeitlicher Wandlung begriffenes Bild.«

Das individuelle Bewusstsein ist demnach ausschlaggebend dafür, dass wir überhaupt einen Zeitfluss erkennen können. Zugleich muss ein scheinbarer Raum existieren, der uns befähigt, die Zeit linear als Vergangenheit, Gegenwart und Zukunft wahrzunehmen.

Gehen wir auf unserer Zeit-Entdeckungsreise noch ein Stückchen weiter: Manche Menschen, die ein Nahtod-Erlebnis hatten oder unmittelbar Erleuchtung erfuhren, haben sogar eine darüber hinausgehende Sichtweise der Zeit.

Es existiert ein Urzustand, ein einziger Ur-Augenblick, in dem bereits alles stattgefunden hat, was möglich war, möglich ist und jemals möglich sein wird. Wir erleben eine Welt, die bereits stattgefunden hat. Einzig, weil wir uns als Persönlichkeit, als Ego in der Trennung von der Urquelle empfinden, spiegelt sich ein Erleben in unserem Bewusstsein, das die Möglichkeit von Erfahrungen bereithält. Aufgrund des Raum-Zeit-Empfindens erhalten wir als Individuum die große Chance, aus Erfahrungen der scheinbaren Vergangenheit zu lernen. Die Illusion der Zeit ist so lange ein Geschenk für uns, bis wir uns an unsere einzige Wirklichkeit, an das Eins-Sein mit dem absoluten und vollbewussten Leben erinnern. Welchen Zeitpunkt wir dafür wählen, spielt absolut keine Rolle.

Wir erleben also eine Realität, die bereits stattgefunden hat. Ein nicht zu verstehendes Wirklichkeitsspektrum, in dem der sich in der scheinbaren Trennung empfindende Mensch die Wahl hat, welche Möglichkeiten an Erfahrungen er erleben will. Gleichzeitig bedeutet dieser Kontext auch, dass unsere Vollkommenheit jetzt, in diesem Augenblick, nicht nur existiert, sondern bereits vollzogen wurde. Machen Sie sich das unmittelbar bewusst. Sie sind bereits vollkommen. Diese Tatsache macht das Leben sehr leicht, wahrlich zu einem Spiel. Wir spielen das Spiel des Lebens, das wir immer nur gewinnen können. Irgendwann erfahren wir in absolutem Gewahrsein den einzigen, immerwährenden Augenblick. Zeit spielt dabei, wie wir jetzt wissen, keine Rolle mehr.

Der Mystiker Meister Eckhart schreibt über den einzigen Augenblick:

»Alles Nun, darin Gott den ersten Menschen schuf
und das Nun, darin der letzte Mensch vergehen wird
und das Nun, darin ich spreche,
sind nichts als EIN Nun.
Nun seht, dieser Mensch wohnt in einem Lichte mit Gott,
darum ist in ihm weder Leiden noch Zeitfolge,
sondern eine gleichbleibende Ewigkeit.«

Es ist, als würde man den Anfang der Zeit überschreiten und vor dem ersten Klang des Wortes die Urquelle, die Leere entdecken, die alles andere ist als das Nichts. Ein erfülltes Nichts, das bereits alle Möglichkeiten enthält. Die Eine Quelle, die göttliche Kraft, ist der aus diesem Nichts ins Sein getretene Schöpfergeist, der alles Existierende durchdringt. Alles in Erscheinung Getretene offenbart sich als Schwingung, Energie und Licht. Das ist es, was wir in jedem Augenblick in uns und in allem wahrnehmen können.

»Zeit ist das, was das Licht von uns fernhält.
Es gibt kein größeres Hindernis auf dem Weg zu Gott
als die Zeit.«

Meister Eckhart legt uns in diesen »zeitlos gültigen« Zeilen nahe, das Zeitempfinden zu überschreiten, um die reine Wirklichkeit als Ewigkeit – Licht – Gott zu erfahren. Auch er beschreibt alles Geschehen im Fluss der Zeit als einen einzigen Augenblick. Wir können uns jederzeit dazu entscheiden, das, was wir als »unser Leben und unsere Wahrnehmung« erkennen, wahrhaft zu durchdringen. Immerzu besteht die Möglichkeit, die Illusion der Zeit zu durchschauen und sich dem einzigen Moment der Wirklichkeit, dem Jetzt, hinzugeben.

Auch bei den hawaiianischen Kahunas heißt es: »Jetzt ist der Augenblick der Macht.« Nur jetzt können wir Dinge verändern und kraftvoll unser Leben meistern.

Ob Weyl, Meister Eckart oder die Priester Hawaiis – immer wieder stoßen wir auf wissenschaftliche, philosophische und spirituelle Erkenntnisse, die zu gleichen oder zumindest ähnlichen Ergebnissen kommen. In alten Quellen lesen wir, die Wahrheit sei ewig und gleiche Aussagen würden sich in verschiedenen Ländern und Kulturen in einer jeweils passenden Form offenbaren. Dem kann ich nur von Herzen zustimmen.

»Zeit zu haben
ist kein Privileg der Wohlhabenden,
sondern ein Geschenk
jedes Menschen an sich selbst.«

Lassen Sie nun bitte nochmals die Aussagen über das Zeitphänomen auf sich wirken und beobachten Sie dabei bewusst und wertfrei Ihre Reaktionen. Wie geht es Ihnen damit? Was sagt Ihr Ego dazu? Was empfindet Ihre innere Weisheit, Ihr innerer Meister?

Veränderungen des Bewusstseins finden auf der Ebene des Geistes statt und werden sich »zeitversetzt« als Konsequenz im Fühlen und Handeln zeigen. Jetzt liegt es an Ihnen, inwieweit Sie Ihr Denken über das Bezugssystem Zeit erweitern und Ihr Gewahrsein dadurch vertiefen wollen. Überprüfen Sie kurz Ihre eigenen Glaubenssätze in Bezug auf die Zeit und finden Sie heraus, ob Sie diese beibehalten, verändern oder ganz loslassen wollen. Überstürzen Sie nichts, lassen Sie sich viel Zeit dafür. Es ist Ihre Wahl.

Welche Bedeutung haben nun die Erkenntnisse über das Zeit-Phänomen für ein segensreiches Leben in Achtsamkeit?

Zeit und gelebte Achtsamkeit

Wenn Sie ein »Meister der Zeit« werden wollen, machen Sie sich bitte bewusst, dass Sie allein, dank Ihres freien Willens, über die Zeit verfügen können. Dies ist der erste Schritt im Umgang mit ihr. Manchmal erscheint die Zeit ein eigenständiges Wesen zu sein und sich einfach zu verflüchtigen. Bevor wir uns umsehen, ist keine Zeit mehr da. Oder wir verkaufen sie nach dem bereits erwähnten Motto »Zeit ist Geld«. Auch an dieser Stelle geben wir die Zügel unseres Lebens aus der Hand – an fremde Personen, Institutionen oder wichtige Äußerlichkeiten. Diesen Trugschluss ein für alle Mal zu beenden und eigenverantwortlich mit der Zeit umzugehen ist ein hohes Gebot der Achtsamkeit. Sie entscheiden, wem Sie Ihre Zeit schenken und wem nicht. Sie entscheiden, mit welchen Tätigkeiten, Gefühlen und Gedanken Sie den Raum in der Zeit füllen. Gehen Sie achtsam mit der Zeit um und bringen Sie immer auch sich selbst große Achtung und Wertschätzung entgegen.

Als zweiten Schritt können wir die Zeit-Wahrnehmung in verschiedene Stadien einordnen, um uns selbst darin zu erkennen und unser Selbst bewusst und wertfrei zu erforschen. Die lineare Struktur der aufeinanderfolgenden Stadien hilft uns dabei, das multidimensionale Geschehen besser zu verstehen. Die einzelnen Abschnitte sind jedoch nicht als streng aufeinanderfolgend zu betrachten. Sie sind miteinander verwoben und die Erfahrungen der verschiedenen Bereiche können gleichzeitig stattfinden. Zudem ist in einer Kategorie die Erforschung vieler Schichten möglich. Der achtsame Umgang mit der Zeit kann sich Ihnen als Bewusstseinsweg eröffnen. Je nachdem, wie Sie die Zeit erleben, was die Zeit aus Ihnen macht und was Sie aus der Zeit machen, erfahren Sie mehr oder weniger die Wirklichkeit.

Lesen Sie sich die folgende Beschreibung der verschiedenen Stadien ganz bewusst durch. Da sie nicht der Linearstruktur unterliegen, ist es gut möglich, dass Sie sich in mehreren Stadien zugleich wiederfinden. Beschäftigen Sie sich dann ganz ungezwungen mit den »Zeitabschnitten«, die Sie noch nicht integriert haben. Führen Sie die anschließenden Achtsamkeits-übungen durch und nehmen Sie die Zeit immer mehr als Illusion wahr. Irgendwann haben Sie den Schritt vollzogen und Ihr Bewusstsein in der Zeit-Wahrneh-mung erweitert. Dann verlassen Sie mehr und mehr die lineare Zeitstruktur aus Vergangenheit, Gegen-wart und Zukunft und nähern sich der Wahrnehmung der Gleichzeitigkeit an. Die Synchronizität ist Teil Ihres Lebens geworden. Das hört sich komplizierter an, als es ist. Betrachten Sie den Umgang mit den Zeit-Ebe-nen einfach als Spiel. Und wenn Sie wollen, lassen Sie sich jetzt ganz leicht, urteilsfrei und vielleicht mit ei-nem inneren Schmunzeln auf diese Stadien ein. (Ein Schmunzeln in den Augenblicken, in denen Sie erken-nen: »Ja, stimmt. Dieses Stadium kenne oder kannte ich nur zu gut.« ☺)

1. Stadium

Anfangs sind Sie einem inneren Drang zufolge stets in Aktivitäten eingebunden. Tritt Leerlauf auf, wissen Sie nichts mit sich anzufangen und greifen sofort zu einem Buch, zur Fernbedienung des TV-Gerätes oder flüchten sich in andere Zerstreuungsmanöver. Der Geist ist stets mit Ablenkungen beschäftigt und er-trägt Stille nur schwer. In diesem Lebensstil ist Zeit Mangelware.

2. Stadium

Sie sind sich Ihrer steten Unrast bewusst und treffen die klare Entscheidung, Zeit für sich zu haben. Sie finden den Mut, sich selbst mit all Ihren Stärken und Schwächen zu begegnen, und wissen, dass Sie dabei nichts verlieren können, sondern nur gewinnen: sich selbst. Vermehrt freunden Sie sich mit den Ruhephasen, den Zeiten des Nichts-tun-Müssens an.

3. Stadium

Sie sind fähig, ein gesundes Maß an Ordnung in Ihrem Zeitmanagement zu halten und Ihr »Zeit-Konto« weist womöglich ein Guthaben auf. Sie sind sich selbst wichtig und haben sich bewusst für ein Leben entschieden, für das Sie allein die Verantwortung tragen. Zeiten der Stille sind Ihnen willkommen – in ihnen erfahren Sie sich ganz bewusst so, wie Sie sind. Sie bewerten sich immer weniger und sind sich selbst ein guter Freund. Mit Freude wenden Sie sich nach innen und erforschen Ihr wahres Selbst. Dadurch verdeutlichen sich Ihnen vermehrt die Zusammenhänge des sozialen Miteinanders und des Lebens selbst.

4. Stadium

Sie nehmen die Zeitabfolge bewusst im Raumgeschehen wahr und erkennen die Bedingtheit und Abhängigkeit beider Elemente. In Ihrem Bewusstsein taucht die Ahnung auf, dass Zeit und das Erleben der Welt nicht so sind, wie sie scheinen. Sie gewinnen immer mehr Zeit für sich und bleiben immer mehr in Ihrer Mitte. In der Folge sind Sie in alltäglichen Situationen zunehmend neutraler Beobachter und nehmen Ihre Mitmenschen wertfrei an.

5. Stadium

Die Zeit ist ein Gegenstand, der nach Belieben ausgedehnt oder komprimiert werden kann. Sie projiziert sich aus dem Geist des Menschen in seine individuell erlebte Welt hinein. Sie wissen nun um die illusionäre Darstellung der erlebten Realität und akzeptieren die Erscheinungen so, wie sie sind. Scheinbar »zufällig« *fallen* Ihnen Möglichkeiten *zu* und die Angelegenheiten des Lebens regeln sich oft wie von selbst. Sie vertrauen dem Fluss und der Synchronizität des Mysteriums Leben.

6. Stadium

Die Zukunft ist eine reine Ausdehnung der Gegenwart und die erlebte Vergangenheit hat keinen Einfluss mehr darauf. Etwas nicht wirklich zu Beschreibendes hat sich in Ihrem Inneren verändert. Die ehemals programmierten Muster und Blockaden sind einem weiten Raum gewichen. Sie sind der Fluss des Lebens selbst.

7. Stadium

Es gibt keine Ursache und keine Wirkung – nur das Jetzt existiert. Sie haben die Welt der Objekte vollkommen durchschaut. In der Wirklichkeit existieren keine Wahrnehmung, keine Welt und keine Zeit. Sie sind ewig jetzt und »wohnen in einem Lichte mit Gott«, wie Meister Eckhart es so brillant ausdrückte.

Die Theorie ist wichtig, um den Verstand mit seinen mehr oder weniger festgelegten »Zeitkonzepten« zu überlisten und ihm ein weites Feld anzubieten, in dem alles möglich ist. Vielleicht sprengen auch diese Zeilen die Grenzen des Vorstellbaren und Sie lassen den Verstand dort, wo er benötigt wird, nämlich in der Koordination des Alltags, und wenden sich vertrauensvoll der tiefen Weisheit des Lebens zu. Wenn Sie die Zeit als solche wirklich verstanden haben, wird Ihnen bewusst, dass Ausflüchte wie »Dafür ist es zu spät. Ich bin zu alt dafür« nicht mehr greifen können. Ganz im Gegenteil – Sie erfahren jeden Aspekt Ihres Lebens genau jetzt, in diesem Augenblick und wieder jetzt und sind voller Freude in der Lage, Situationen zu genießen, andere zu verändern und Neues zu wagen. Vielleicht lesen Sie sich die Beschreibung der sieben Stadien von Zeit zu Zeit immer wieder aufmerksam durch. Allein das Lesen wird eine Veränderung in Ihrem Bewusstsein und im achtsamen Umgang mit der Zeit bewirken – selbst wenn Sie es nicht verstehen sollten. Keine Sorge: Das Verstehen spielt hier keine Rolle.

*»Die Wirklichkeit existiert immer jetzt.
Wortlos offenbart sie sich dem Geist,
der die Stille hören und
die Leere sehen kann
und doch weder hören noch sehen will.«*

Bevor wir zur nächsten Achtsamkeitsübung übergehen, noch einige Tipps zum achtsamen Umgang mit der Zeit:

- Versuchen Sie, soweit es Ihnen möglich ist, vorgefertigte Konzepte über die Zeit loszulassen und sich vielen Möglichkeiten zu öffnen.
- Überprüfen Sie jeden Tag Ihre Bereitschaft, sich selbst mit all Ihren Stärken und Schwächen kennenzulernen. Hören Sie ab sofort und für immer auf, sich

selbst zu kritisieren. Statt dem inneren Richter wenden Sie sich Ihrem inneren Meister oder Ihrem Engel als Lehrer zu.

- Entscheiden Sie sich jeden Tag neu, ein »Meister der Zeit« zu sein.
- Bestimmen Sie allein, mit wem oder was Sie die Zeit verbringen bzw. ausfüllen.
- Planen Sie regelmäßige Ruhephasen ein, in denen Sie vollkommen allein sind und sich mit nichts anderem beschäftigen als mit sich selbst. Beobachten Sie in dieser Zeit wertfrei Ihre Empfindungen und Reaktionen und akzeptieren Sie, was sich zeigt. Es ist alles in Ordnung. Fällt es Ihnen schwer, so beginnen Sie einfach mit drei bis fünf Minuten täglich. Erst wenn Sie diese Zeitspanne gut aushalten können, verlängern Sie die Phasen nach Ihrem Empfinden. Wichtig ist die Regelmäßigkeit der Übung.
- Lenken Sie Ihre Gedanken regelmäßig so oft wie möglich auf Ihre innere Mitte – und erwarten Sie dabei nichts. Versuchen Sie es einfach.
- Geben Sie sich dem Fluss des Lebens immer mehr hin.

Praxis der Achtsamkeit: Der Hüter der Zeit

In der folgenden Imaginationsübung versuchen wir, unsere Denkmuster und gefühlten Reaktionen zum Zeitphänomen bewusst wahrzunehmen und zu erweitern (falls Sie mögen). Denn in seiner tiefgehenden Symbolik kann Ihnen der »Hüter der Zeit« Ihre persönliche, häufig unbewusste Einstellung zum Thema Zeit verdeutlichen.

Bitte gönnen Sie sich jetzt einen ruhigen Augenblick für sich selbst. Lesen Sie die Geschichte, die ich Ihnen gleich erzähle, aufmerksam durch, schließen Sie dann die Augen und leben Sie das gerade Gelesene nach. Eine andere Möglichkeit ist, dass Sie sich die Geschichte von einer vertrauten Person langsam vorlesen lassen. Sie können den Text aber auch aufnehmen und ihn abspielen, während Sie entspannt, mit geschlossenen Augen auf einem Stuhl sitzen oder auf dem Sofa liegen.

(In dieser und den folgenden Imaginationsübungen spreche ich Sie mit »Du« an, um ihre Wirkung zu vertiefen.)

Stell dir vor, du begegnest Chronos, dem Hüter der Zeit, dessen Zuhause eine riesengroße Uhr ist, eine dicke weiße Scheibe, auf der sich viele Zeiger befinden. Chronos hütet die Uhr der Welten und die verschiedenen Zeiger demonstrieren die Uhrzeiten der unterschiedlichen Zeitzonen. Sobald du die Weltuhr betreten hast, bist du in ein strahlendes, schützendes Licht eingehüllt und für andere unsichtbar. Du bist beschützt; niemand kann dir etwas antun. Wenn du bereit bist, beobachte Chronos etwas genauer. Wie sieht er aus? Ist er groß oder klein, freundlich oder eher barsch? Lass dir Zeit und versuche ihn ganz genau wahrzunehmen. Wenn du ihn lange genug beobachtet hast, begleitest du ihn bei seiner Arbeit. Du bist weiterhin unsichtbar und freust dich, Neuland zu entdecken.

Gehe langsam im Kreis, bis du den Zeiger deines Geburtslandes entdeckt hast. Stell dich nun auf diesen Zeiger. Während er sich langsam mit dir dreht, gehe auf dem langen Minutenzeiger entlang von der Mitte ganz nach außen, ans äußere Ende der Scheibe. Wie fühlst du dich dabei? Gehst du verhalten oder zügig, sicheren Schrittes oder mit wackligen Beinen? Dreht sich der Zeiger, auf dem du gehst, jetzt langsamer oder schneller? Wenn du am Ende angekommen bist, bleibe dort stehen und beobachte dich, während sich der Zeiger, auf dem du stehst, immer weiter dreht. Du bist am scheinbaren Ende der Zeit angekommen. Was fühlst du? Stabilität? Unruhe? Beobachte wertfrei alle Gedanken und Gefühle und führe dir vor Augen, dass du in ein strahlendes Licht gehüllt, sicher und beschützt bist.

Nach einer angemessenen Zeit kehre um, verlasse das äußere Ende der Zeit und gehe den Zeiger entlang zurück in Richtung Mitte. Schritt für Schritt. Die Geschwindigkeit des Zeigers verlangsamt sich jetzt. Beobachte deine Gedanken und Gefühle. Je mehr du dich dem Zentrum näherst, desto langsamer vergeht die Zeit. Nun hast du den Mittelpunkt der Uhr erreicht. Hier vereinen sich alle Zeiger und alle Zeiten der Welt zu einem großen Ganzen.

Es öffnet sich ein weiter, lichtvoller Raum ... in dir und um dich herum. Die Zeit scheint stehengeblieben zu sein und doch existierst du ... hier und jetzt. Raum und Zeit haben keinen Einfluss mehr auf dein Sein. Du bist zeit-los. Dein Körper ist nicht mehr der Zeit unterworfen – er ist vollkommen alterslos ... im ewigen Jetzt. Du warst, du bist und wirst immer sein – anfangsloser Urgrund – zeitlose Stille – lichtvolle Ewigkeit. Nimm dich wahr als das, was du wirklich und immerdar bist. Bleibe in dieser Erfahrung, solange du möchtest. Wenn du bereit bist, wieder zurückzukehren, bitte das dich umgebende schützende Licht, dich wieder in den Raum zu bringen, in dem du in deinem Sessel sitzt oder auf dem Sofa liegst. Atme allmählich tiefer ein und aus, recke und strecke dich, öffne langsam die Augen und sei wieder vollkommen im Hier und Jetzt.

Die Erfahrung des Zeitphänomens und der Nicht-Zeit, die diese Übung vermittelt, kann eine stark transformierende sein, macht sie uns doch deutlich, wie sehr wir uns im illusionären Raum-Zeitgefüge in Sicherheit wiegen. Unser Ego, das das Überleben in dieser Welt der Identifikationen sichern will, benötigt das Vehikel Raum-Zeit als feste Struktur, um überhaupt existieren zu können. Ohne Raum-Zeit gibt es keine Persönlichkeit und kein Ich, das etwas bedeutet oder tun bzw. unterlassen kann. Nicht einmal eine winzige Spur kann man hinterlassen. Wo wäre dies auch möglich, wenn kein Raum besteht? Vielleicht konnten Sie diese Erkenntnis während der Achtsamkeitsübung verinnerlichen?

Möglicherweise sind Sie während dieser Reise aber auch Ihrer Angst begegnet. Der Angst, nicht mehr zu sein. Seien Sie ganz beruhigt. Dies ist des Menschen größte Angst: seine Identität mit der individuellen Persönlichkeit zu verlieren. Und doch werden wir alle dies irgendwann erfahren, denn unsere innere Weisheit spricht:

Erst, wenn ich die Angst,
nicht mehr zu sein, überwunden habe,
BIN ICH.

Spielen Sie auch mit dieser Übung, beziehen Sie sie immer wieder in Ihre Meditationen ein – sie hält vielschichtige Erfahrungen für Sie bereit. Wenn Sie wollen, können Sie diese Erfahrungen kommentieren, indem Sie jedes Mal, wenn Sie sie durchgeführt haben, eine Zeichnung anfertigen, die kein Kunstwerk werden muss, sondern lediglich der inneren Verarbeitung des Erfahrenen dient. Halten Sie dazu einfach eine prägnante Szene des eben Erlebten auf einem Blatt Papier fest, mit Buntstiften, Wasserfarben, Wachsmalkreiden, ganz, wie Sie wollen. Am besten, Sie beginnen, ohne lange darüber nachzudenken. Meist entsteht das Bild dann ganz wie von selbst. Anhand Ihrer Zeichnungen werden Sie »im Laufe der Zeit« Ihre Veränderungen im Umgang mit der Raum-Zeit-Struktur erkennen können. Das macht nicht nur Freude, sondern hat auch einen bewusstseinserweiternden Wert.

Ich hatte diese Übung erstmalig mit einem Bekannten durchgeführt, und die Resultate waren erstaunlich. Anfangs war Chronos bei ihm ein alter, buckliger, sehr streng aussehender Mann. Der Uhrzeiger war sehr schmal und mein Bekannter kaum fähig, auf seiner Zeitlinie nach außen zu gelangen, an das scheinbare Ende der Zeit. Mit unsicheren Schritten begab er sich daraufhin ins Zentrum und ließ sich anfänglich sehr zögernd auf die Zeitlosigkeit ein. Kurz darauf war eine überraschende Veränderung zu spüren. Das Gesicht meines Bekannten entspannte sich völlig; er fühlte den lichten Raum, das ewige Sein außerhalb der Zeit, in sich aufleuchten. Als er nach Hause fuhr, war er sehr gut gelaunt und richtig guter Dinge.

Einige Wochen später wiederholten wir die Übung. Chronos war jetzt kaum wiederzuerkennen. Der Hüter der Zeit hatte sich scheinbar einer Verjüngungskur unterzogen. Jung, lebendig und fröhlich hüpfte er auf seiner strahlenden Weltenuhr herum und erledigte freudvoll seine Aufgabe. Mein Bekannter fühlte sich während dieser Visualisierung sehr wohl; in seiner Vorstellung ging er festen Schrittes und voller Vorfreude von einem Zeitabschnitt zum nächsten. Es war eine Wonne, an dieser positiven Wende teilzuhaben. Auch seine Zeichnungen spiegelten unverkennbar die Veränderung wider. Die erste, überwiegend in Grau und Braun gehalten, vermittelte einen etwas trübseligen Gesamteindruck. In der Mitte des Blattes allerdings zeigte sich ein kleiner, strahlend gelber Kreis, der das Erlebnis in der Zeitlosigkeit symbolisieren sollte. Aus der zweiten Zeichnung, die einige Wochen später entstand, funkelte dem Betrachter in bunten Farben die

50

wahre Freude entgegen. Wir waren beide erstaunt, wie viel diese kleine Übung bewirkt hatte. Mittlerweile habe ich sie mit vielen Menschen praktiziert und freue mich jedes Mal neu über ihre transformierenden, positiven Auswirkungen. Chronos kann die verschiedensten Charaktere annehmen, ebenso die subjektive Erfahrung der Zeitlosigkeit. Ein Beweis für die Einzigartigkeit eines jeden Menschen. Lassen Sie sich auf Ihren ganz persönlichen Hüter der Zeit ein und verwirklichen Sie nach und nach die grenzenlose Ewigkeit.

Falls Sie einmal keine Zeit für die gesamte Visualisierungsübung haben, planen Sie einfach einen kurzen »Zeitpunkt« ein, in dem Sie in Ihrer Imagination aus der Zeit aussteigen. Schließen Sie die Augen, stellen Sie sich ein Zeitfenster vor und gehen Sie durch dieses Fenster aus der Zeit heraus. Spüren Sie, was dieses Erleben in Ihnen bewirkt. Wie Sie alterslos sind, wie leicht und frei Sie sich bewegen können. Bleiben Sie in dieser Vorstellung, solange es Ihnen guttut. Schon auf einer so kurzen »Zeitreise« können sich Ihre Einstellung und Ihr Bewusstsein erheblich verändern.

Wir sind nun »am Ende der Zeit« angelangt, besser gesagt, am Ende dieses Themas, und widmen uns im folgenden Kapitel etwas intensiver den Werkzeugen der Wahrnehmung.

Eine kleine Geschichte:
Die Schnecke und die Zeit

Ein kleiner Junge beobachtet vollkommen versunken eine Schnecke, die in Zeitlupentempo den Weg entlangkriecht. Millimeter um Millimeter bewegt sie sich vorwärts. Der Junge, der der Sprache der Tiere mächtig ist, fragt: »Liebe Schnecke, ist es nicht grausam, so langsam zu sein und nirgendwo hin- oder anzukommen? Wenn der Tag vorbei ist, hast du vielleicht dein Ziel noch nicht erreicht. Bist du nicht sehr unglücklich über dein Schicksal?«

Die Schnecke lächelt beschaulich und antwortet ruhig und freundlich: »Mein lieber Junge – du hast noch die Fähigkeit, mit mir zu sprechen, ja mich überhaupt als Lebewesen wahrzunehmen. Dafür danke ich dir sehr.«

Die Schnecke hält in ihrer Kriechbewegung inne, während sie fortfährt: »Schau dir das Leben der Erwachsenen einmal genau an. Glaubst du, sie haben abends ihr Ziel erreicht, wenn sie gestresst und müde ins Bett fallen, mit den Gedanken bereits beim folgenden Tag? Glaubst du, sie führen ein glückliches Leben? Mein Tag ist keineswegs ein langer Tag, der nie zu Ende geht und über den ich unglücklich sein könnte. Mein Tag ist ein erfüllter Augenblick. Und ein erfüllter Augenblick reiht sich an den nächsten. Ich tue, was zu tun ist, und wenn der Tag zu Ende ist, ist er erfüllt und zu Ende. Was könnte mich glücklicher machen?

Lieber Junge, du verstehst diese wichtigen Dinge noch – bewahre sie gut in deinem Herzen. Und wenn du erwachsen bist und dir begegnet wieder einmal eine langsame Schnecke, dann erzähle deinen Kindern davon. Sie werden verstehen.«

Lächelnd kriecht die Schnecke ihres Weges und tut, was sie immer tut: Sie erfüllt den einzigen Augenblick, jetzt.

DRITTES KAPITEL

WEGE UND WERKZEUGE DER WAHRNEHMUNG

Die Ebenen der bewussten Wahrnehmung

Unsere bewusste Wahrnehmung zeigt sich auf sehr vielfältige, verschlungene Weise, so dass es uns meist schwerfällt, sie klar und differenziert in ihre einzelnen Komponenten aufzugliedern. Häufig sehen wir nur den Wald als Ganzes, während die einzelnen Bäume unserer Erfahrung entgehen. Einerseits ist das Wahrgenommene mit den Erfahrungen unserer Mitmenschen vergleichbar, andererseits gibt es Gewahrseinsebenen, die sehr persönlich sind und nur individuell erfahren werden können. Kein anderer erlebt sie genau wie wir. Generell sprechen wir hier über die Realitätsebenen der Gegenwart, also über das, was wir in diesem Augenblick, jetzt, mittels unserer Wahrnehmung erfahren können. Betrachten wir nun zur bewussten Differenzierung die einzelnen Ebenen etwas näher.

Die äußere Welt der Materie als gemeinsam erlebte Realität

Diese Ebene ist die materielle Welt mit all ihren Gegenständen, Mechanismen und Personen, die sich im Augenblick der Wahrnehmung darin befinden. Wir sehen diese Welt scheinbar außerhalb von uns selbst und nehmen sie im Allgemeinen als einheitliche Wirklichkeit an. Wenn wir uns darüber austauschen, werden viele Personen übereinstimmend zum selben Ergebnis kommen. Es ist die äußere Welt, die ohne gedankliche Interpretation und ohne Einmischung der Gefühle zustande kommt. Zum Beispiel: »Ich sehe einen Stuhl, eine Person, die darauf sitzt, eine weiße Wolke am Himmel. Ich höre ein Flugzeug, singende Kinder ...« usw. Diese Ebene hat also einen neutral beschreibenden Charakter.

Die innere Welt der Emotionen als individuell erlebte Realität

Diese Ebene können wir weder mit den Händen greifen noch optisch wahrnehmen. Dennoch existiert diese Welt auf ganz individuelle Weise innerhalb eines jeden Menschen. Gemeint ist die bunte Palette an Gefühlen, die sich im jeweiligen gegenwärtigen Augenblick als Realität zeigt. Einzig reine Gefühle wie Liebe, Hass, Ärger, Freude, Wohlsein, Unwohlsein kommen hier zum Ausdruck.

Nicht dazu gehören gedankliche Gefühlsinterpretationen wie: »Ich fühle mich gedemütigt, ich fühle mich, als hätte ich Ameisen im Hintern, ich fühle mich als Held« usw. Interpretationen siedeln ausschließlich im Bereich der Gedanken.

Die Welt der Emotionen lässt sich nur unmittelbar fühlen, von jedem Einzelnen, und kann nicht mit den Gefühlszuständen anderer verglichen werden. Sie können ähnlich beschreibbar, jedoch nie dieselben sein. Vergleichbar den Schneeflocken, die einander ähnlich sind und von denen doch jede eine einzigartige Struktur aufweist.

Die innere Welt der Gedanken als nicht gegenwärtige Realität

Aktuelle Ereignisse werden durchdacht, interpretiert, erinnert. Die meist sehr rege mentale Tätigkeit hat keinen unmittelbaren Bezug zum wahrgenommenen Objekt, sondern beruht auf früheren Erfahrungen, die als Wissen abgespeichert wurden und in der Erinnerung mehr oder weniger abrufbar sind.

Das Denken ist eine Aktivität, die jenseits des jetzigen Augenblicks stattfindet. Gedanken beim Betrachten eines Flusses könnten z.B. sein: »Das Wasser ist sehr aufgewühlt. Es hat sicher kürzlich heftig geregnet. Darin zu waten macht bestimmt keinen Spaß, so kalt wie es ist. Ich muss gut aufpassen, damit ich mich nicht erkälte. Die Steine im Flussbett sehen sehr rutschig aus.« Diese stete Geschäftigkeit des Denkens verhindert, dass sie den Fluss, der an Ihnen vorbeifließt, so wahrnehmen, wie er ist.

Gedanken haben die Fähigkeit, eine ellenlange Geschichte zu spinnen, die die persönliche Einstellung auf der Grundlage früherer Erfahrungen bezüglich des Lebens und der aktuellen Situation widerspiegelt.

Die transzendente Welt des Seins als reiner Geisteszustand

Hier erreichen wir die Ebene der reinen Wahrnehmung ohne gesprochene Worte, ohne gedachte Mentalaktivitäten und ohne gefühlte Emotionen. Wir öffnen uns dem reinen Gewahrsein, in dem nichts anderes Platz hat als das, was ist. Der Augenblick ist vollkommen erfüllt. Die Welt und alles darin Befindliche sind einfaches Sein. Die Trennung in ein Ich und ein Du, ein Subjekt und ein Objekt existiert nicht mehr. Wir sind eins in und mit dem, was ist.

Ein Beispiel zu nennen fällt schwer, da sich dieser Zustand jedem Versuch einer Beschreibung entzieht. Wir nähern uns diesem Erleben an, wenn es gelingt, den Augenblick mit allem, was wir sind und was uns ausmacht, zu erfahren und vollkommen zu erfüllen. Es gleicht der Wahrnehmung eines kleinen Kindes, das zum ersten Mal mit natürlicher Faszination die Bewegungen eines Regenwurms beobachtet. Das Kind und der Regenwurm sind in diesem Moment ein und dasselbe. Das Wunder des Augenblicks, das sich in der unschuldigen Wahrnehmung offenbart.

Da wir alle einmal Kinder waren, haben wir diesen Zustand bereits erlebt. Wir haben ihn vergessen, aber irgendwo in uns ist dieses Erleben gespeichert. Befreien wir uns also aus den angelernten, strukturierten Wahrnehmungsmustern, damit wir uns mit Leichtigkeit wieder daran erinnern.

Die Vielschichtigkeit der Wahrnehmungsebenen zeigt, wie unbewusst wir damit umgehen. In einer gegebenen Situation erleben wir die verschiedenen Ebenen als Einheit bzw. fokussieren uns auf eine Ebene und nehmen diese als »Gesamterfahrung«. Es fällt schwer zu glauben, dass wir diese uns automatisch präsentierten Ebenen bewusst erkennen oder sogar selbst steuern, also die Wahrnehmung gezielt auf eine Ebene richten könnten. Und doch verhält es sich genau so. Es bedarf nur der Übung, des guten Willens und der Geduld.

Es gibt zwei verschiedene Möglichkeiten, die transzendente Welt des Seins zu realisieren:

1. Wir versuchen, die ersten drei Ebenen, die Materie, die Emotionen und die Gedanken, immer bewusster in unseren Alltagserlebnissen wahrzunehmen. Zu Anfang fällt es leichter, eine erlebte Situation im Nachhinein zu reflektieren. Üben Sie diese Reflexion nicht nur in Gedanken, sondern halten Sie sie auch schriftlich fest. Mit ein wenig Übung reicht später die bewusste gedankliche Wahrnehmung aus.

Beschreiben Sie nun zuerst die materielle Ebene, ähnlich einem sachlichen Bericht. Achten Sie darauf, dass in dieser Beschreibung keine Gefühle und Gedanken auftauchen. Erst wenn Sie die erste Ebene abgeschlossen haben, erklären Sie die Gefühle, die an das Erleben gekoppelt waren, nichts anderes. Abschließend realisieren Sie die dazugehörigen Gedanken. Irgendwann werden Sie bereits während einer Situation, in der Sie sich befinden, zum neutralen Beobachter und die Ebenen zum Spielball Ihrer Wahrnehmung. Sie erleben Ihre Gefühle bewusst, ohne von ihnen überschwemmt zu werden, wechseln dann ganz bewusst auf die materielle Ebene. Sie nehmen neutral den einfachen Sachverhalt wahr und beobachten gleichzeitig ganz bewusst Ihre Gedanken.

Sobald wir also ein aktuelles Ereignis während es geschieht eindeutig den verschiedenen Ebenen zuordnen können, haben wir einen beständigen Grad der Durchdringung erreicht. Der Verstand wird zwar niemals das letztendliche Sein, die vierte Ebene, verstehen können, dennoch glaubt er, sein Ziel erreicht zu haben. Nun ist der Geist bereit, das komplexe Geschehen der Ebenen einfach loszulassen. »Es ist gut so, wie es ist, denn ich habe verstanden. Mehr brauche ich nicht tun«, beruhigt sich die Persönlichkeit. Das Ego willigt nun ein, in ein umfassenderes, ganzheitliches Sein integriert zu werden. Und ganz wie von selbst sind wir unmittelbar fähig, uns der einfachen Wahrnehmung, dem wahren Seinszustand zu öffnen.

Sollte Ihnen diese Vorgehensweise zu kompliziert vorkommen, denken Sie daran: Sie ist nur eine Möglichkeit, ein Vorschlag, den vielleicht festgefahrenen

Verstand zu überlisten, damit Sie sich dem vollkommenen Sein im Augenblick annähern können.

Bei manchen Menschen geschieht die Wahrnehmung der vierten Ebene schlagartig, von jetzt auf gleich, ohne jegliche Vorbereitung. Wenn es bei Ihnen auch so ist, gratuliere ich Ihnen von Herzen. Alles ist möglich, wenn die Zeit dazu reif ist. Das Verstandesdenken hat tatsächlich nichts mit der Wahrnehmung des Augenblicks zu tun. Es ist nur eine Krücke, ein Hilfsmittel, das man irgendwann loslassen muss, um für das einfache Sein bereit zu sein. Dem Verstand mag dieser Satz als Widerspruch erscheinen, Ihre Intuition, die Stimme Ihres wahren Selbst jedoch weiß.

2. Ein ähnliches Prinzip mit umgekehrten Vorzeichen finden wir im Zen-Buddhismus, wenn das Denken mittels eines Koans an seine Grenzen stößt. Ein Koan ist eine nicht lösbare Denkaufgabe, wie zum Beispiel:

Um anzukommen, wo du schon immer warst,
musst du dich auf den Weg machen, den es nicht gibt.
Und das Einzige, das du sicher wissen kannst,
ist, dass du nichts weißt.
Wo du glaubst zu sein, da bist du nicht.
Was du siehst, gibt es in Wirklichkeit nicht,
sonst könntest du es nicht sehen.
Alles, was wirklich ist, ist nicht sichtbar.
Und erst, wenn du angekommen bist,
wirst du erkennen, dass du nie fort warst.

Zwei weitere, sehr bekannte Koans:

*Welchen Ton erzeugt das Klatschen
mit einer Hand?*

*Wenn dein Geist nicht im Zwiespalt von
Gut und Böse weilt,
was ist dann dein ursprüngliches Antlitz,
bevor du geboren warst?*

Beschäftigen Sie sich mit einem Koan. Ein einziges reicht vollkommen aus, um Ihr Ziel zu erreichen. Der Verstand wird niemals fähig sein, das darin enthaltene Paradoxon zu enträtseln und früher oder später die Grenze des Ertragbaren erreicht haben. Auch hier ist das Ergebnis ein Loslassen des Gewussten. Der Nicht-mehr-Denkende öffnet sich dem wahren Seinszustand. Es ist, als wäre ihm urplötzlich, von einem Augenblick auf den anderen, eine geistige Schau offenbart worden. Der Satz an sich hat sich nicht verändert, wohl aber das Bewusstsein, das diesen Satz liest. Der wahrhaft Seiende weiß etwas, das man nicht erklären kann. Er ist Bewusstsein selbst. ER IST.

Ob der Verstand zuerst eine vollkommene Durchdringung der Wahrnehmung erreicht oder mittels eines Paradoxons an Grenzen stößt – bevor der Seinszustand erfahren wird, geht immer ein Loslassen allen Wissens, allen Denkens und aller Vorstellungen voraus. Halten Sie an nichts mehr fest, vertrauen Sie in das Leben selbst und Sie sind im wahren Sein, in der reinen Wahrnehmung angekommen.

Die Werkzeuge der Wahrnehmung

Die Instrumente der Wahrnehmung zu beschreiben ist nicht schwer, denn wir bedienen uns ihrer tagtäglich. Doch wie achtsam gehen wir mit ihnen um? Ist Ihnen schon einmal aufgefallen, dass unsere Umwelt

*»Erkenne im Einzelnen die Vielheit,
im Vielen das Ganze
und in der Ganzheit dich selbst.«*

vor allem die visuelle Wahrnehmung schult? Dies ist so selbstverständlich, dass es uns kaum mehr bewusst wird. Einen großen Teil unserer Umgebung nehmen wir mit dem Gesichtssinn auf, den Rest schalten wir meist unbewusst aus. Das Gesehene hält wichtige Informationen bereit. Diese ordnen wir ein, stellen in Sekundenschnelle Verknüpfungen her, ziehen Schlüsse daraus und schließen die Erfahrung damit ab – eine sehr einseitige und »dünne« Erfahrung, was ihren potenziellen Erlebensgehalt betrifft. Unsere anderen Sinne lassen wir meistens außen vor. Wenn Sie ein 9-jähriges Kind nach einem Erlebnis fragen, wird es Ihnen ausführlich berichten, was es gesehen hat. Vielleicht wird es auch noch kurz über ein Geräusch, Musik etwa, berichten. Aber was ist mit dem Tast-, Riech- und Geschmackssinn? Bereits wenn es in die Schule kommt, hat ein Kind die meisten seiner Wahrnehmungswerkzeuge eingeschränkt.

Gehen Sie einmal mit verbundenen Augen in die Natur und erleben Sie die Schönheit und Fülle der auditiven Welt. Lassen Sie sich auf ihre Vielfältigkeit und Intensität ein. Sie werden überrascht sein. Sind Ihre Sinne hellwach, werden Sie mit einiger Übung sogar einen Käfer in der Erde krabbeln hören. Das ist kein Märchen, sondern gelebte Wirklichkeit.

Auch der bewusst erlebte kinästhetische Wahrnehmungsbereich stellt eine Fülle an wunderbaren Erfahrungen bereit. Schließen Sie wiederum die Augen und nehmen Sie z. B. einen Holzgegenstand in die Hand. Vergessen Sie, welche Bezeichnung die Menschheit diesem Objekt zugeordnet hat, und beginnen Sie zu fühlen. Was spüren Sie in Ihrer Hand? Etwas Weiches, Fasriges, hier eine Kerbe, dort eine Erhebung ... Versuchen Sie, den Gegenstand in all seinen Facetten zu erfahren, ohne ihn zu benennen. Nach dem Öffnen der Augen wird er einen veränderten Wert angenommen haben. Sie sehen ihn im wahrsten Sinne des Wortes mit anderen Augen.

Bei den meisten Menschen sind ein oder zwei Sinne besonders gut entwickelt. Finden Sie in aller Ruhe heraus, welches Ihre Vorlieben in der Wahrnehmung sind. Leben Sie mehr im Bereich von Bildern (visuell), von Klängen und Tönen (auditiv) oder Gefühlen (kinästhetisch)? Wie lernen Sie am besten? Haben Sie ein fotografisches Gedächtnis, lernen Sie eher beim Zuhören oder müssen Sie die Lernobjekte wortwörtlich begreifen, um sie zu verstehen?

Lassen Sie sich Zeit und versuchen Sie ganz bewusst, in Ihre Wahrnehmung alle Sinne mit einfließen zu lassen. Auch die weniger geübten. Erst dann sind Sie fähig, den Augenblick in seiner Vollkommenheit wahrzunehmen. Anfangs geschieht die bewusste Sinneswahrnehmung wieder getrennt, wie es auch mit den unterschiedlichen Wahrnehmungsebenen der Fall ist, die Sie bereits kennen. Irgendwann aber nehmen Sie vollkommen bewusst wahr, und die Sinne arbeiten nicht mehr einzeln, nacheinander, sondern gleichzeitig, als wären sie eine Einheit. Dann haben Sie die lineare Struktur überschritten und öffnen sich mehr und mehr der Multidimensionalität.

Ist das nicht ein bemerkenswertes Phänomen? In der Unbewusstheit ist die Wahrnehmung eine diffuse Einheit. Um sie zu durchdringen, trennen wir sie scheinbar in Einzelteile auf, bis wir sie in der Tiefe ausgelotet haben. Dann lassen wir die gedankliche Trennung los und Synchronizität geschieht. Die Wahrnehmung bildet wieder eine Einheit, diesmal jedoch nicht diffus, sondern glasklar, präzise und gleichzeitig.

Ein weiteres wichtiges Instrument der Wahrnehmung habe ich bislang noch nicht erwähnt: die Macht des ersten Gedankens. Der erste Gedanke ist ein Phänomen der »hellfühlenden« Wahrnehmung. Sie haben sie alle bereits erlebt. Die Hellfühligkeit ist ein Resultat Ihres »Bauchhirns«, des inneren Bauchgefühls, das Ihnen bestimmt in irgendeiner Art und Weise vertraut ist. Es ist im Bereich des Solarplexus lokalisiert, eines Nervengeflechts in der Magengegend. Sie nehmen eine Situation wahr und unmittelbar, in Sekundenschnelle, schießt Ihnen ein mit der aktuellen Situation oder der Ihnen gegenüberstehenden Person verbundener Gedanke durch den Kopf. Dieser Gedanke hat keinen vagen Charakter, sondern ist glasklar. Er trägt eine untrügerische Gewissheit in sich, die keinen Zweifel zulässt. Sie wissen einfach. Dann denken Sie den zweiten Gedanken – und der hat es in sich. Denn er beinhaltet oft Zweifel, Abwägungen oder gegenteilige Schlussfolgerungen. Hören Sie jedoch auf den ersten Gedanken, werden Sie die Fähigkeit des »Einfach-Wissens« immens verstärken.

Übergehen Sie ihn regelmäßig, wird der Gedanke immer leiser. Ganz verklingen wird er jedoch nie. Sie können diese natürliche Fähigkeit erneut trainieren, indem Sie dem ersten Gedanken wieder bewusst Ihre Aufmerksamkeit schenken. Es wird nicht lange dauern, und er wird wieder zum weisen Ratgeber und Vertrauten geworden sein.

Wenn Sie Ihre Sinne wieder bewusst nutzen, werden Sie nach einiger Zeit auch in diesem Bereich Veränderungen spüren. Mehr und mehr entfalten Sie Ihre Hell-Sinnigkeit. Es geschieht auf ganz natürliche Weise und sollte weder forciert noch unterdrückt werden. Sie hören die wahre Bedeutung hinter den Worten, lesen zwischen den Zeilen und lernen, unmittelbar die Wahrheit von falschen Aussagen zu unterscheiden. Sie wissen einfach, indem Sie achtsam wahrnehmen. Mehr und mehr öffnet die Wirklichkeit ihre Tore, und Sie betreten das Land der Wahrheit.

Und wieder sind Sie an einem Punkt in Ihrem Leben angekommen, an dem Sie einfach sind. Es gibt nichts mehr zu lernen oder zu wissen – Sie sind vollkommenes Bewusstsein. SIE SIND.

Falls Sie aber doch gerne etwas tun wollen, folgt nun die nächste Achtsamkeitsübung. Sie schult die Wahrnehmung und unterstützt Sie dabei, vom linearen Denken zur Multidimensionalität vorzudringen. Sie wissen vielleicht, dass sich das lineare Denken durch die Aktivität der linken Gehirnhälfte manifestiert und die Multidimensionalität, wenn linke und rechte Gehirnhälfte harmonisch zusammenarbeiten und weitere Denkfelder aktivieren.

Zur näheren Erläuterung füge ich eine kurze Gegenüberstellung der linken und rechten Gehirnhälfte ein, damit Sie unterscheiden können, nach welchen inneren Mustern beide jeweils arbeiten. In der darauf folgenden Übung erschließen sich Ihnen dann in der augenblicklichen Erfahrung die genannten Denkfelder der Multidimensionalität.

Die linke Gehirnhälfte	Die rechte Gehirnhälfte
entspricht dem männlichen Aspekt	entspricht dem weiblichen Aspekt
ist analytisch	ist kreativ, intuitiv
denkt linear	denkt raumhaft / dreidimensional
denkt einseitig, z. B. entweder gut oder schlecht lebt das Trennende	denkt ganzheitlich erkennt das Verbindende
lebt zeitorientiert	lebt ohne Zeitbegrenzung
fällt Urteile	lebt urteilsfrei
ist in Glaubenssystemen strukturiert	ist frei von Strukturen
neigt zu genormtem Sprachverständnis	neigt zu Symbolsprache: Sprache mit Bildern und Farben
ist kontrolliert	lässt fließen

Anhand dieser kleinen Auswahl von Unterscheidungsmerkmalen konnten Sie vielleicht erkennen, welcher Denktyp Ihnen mehr entspricht. Sind Sie mehr analytisch, linear und »linkshirnig« veranlagt oder kreativ, intuitiv, »rechtshirnig«? Oder haben Sie beide Fähigkeiten gleichermaßen integriert? Wenn Sie unschlüssig sind, denken Sie nicht weiter darüber nach. Vielleicht »erfühlen« Sie die Antwort in unserer gemeinsamen Praxis der Achtsamkeit, in der Sie sich der multidimensionalen Wahrnehmung öffnen.

*»Klare Wahrnehmung
lüftet die Schleier der Subjektivität
und bringt die Wirklichkeit hervor.«*

Praxis der Achtsamkeit:
Das Tor des Himmels öffnen

Dies ist eine Übung, die sich vielleicht schwer anhört, aber ganz leicht durchzuführen ist. Lassen Sie sich also nicht irritieren. Lesen Sie den 1. Schritt und praktizieren Sie sogleich die darin angebotene Aufgabe. Wenn Sie diese gründlich geübt haben, gehen Sie zum nächsten Punkt über. Möglicherweise führen Sie die Schritte leichter mit geschlossenen Augen durch – entscheiden Sie selbst.

1. Beobachten Sie Ihre Gedanken. Greifen Sie nicht ein, sondern schauen Sie nur als neutraler Beobachter zu.

2. Wählen Sie jetzt einen Gedanken aus, den Sie gerne denken. Dies kann ein ganzer Satz sein oder auch nur ein Wort, z. B. »Harmonie«. Denken Sie nun »Harmonie« (oder den Begriff bzw. Satz Ihrer Wahl). Wie fühlen Sie sich dabei? Gut oder weniger gut? Sind Sie zu einem Ergebnis gekommen, wenden Sie sich dem nächsten Schritt zu.

3. Nun denken Sie den gleichen Gedanken nur mit der linken Gehirnhälfte. Der Verstand mag sich die Frage stellen, wie das umzusetzen ist. Machen Sie sich keine Sorgen, es funktioniert, sobald Sie es tun. Sie können dabei die Augen schließen und Ihr Wort nur mit der linken Gehirnhälfte denken. Konzentrieren Sie sich einfach auf die linke Seite Ihres Gehirns. Was fühlen Sie jetzt? Wie fühlt sich dieses

Denken an? Lassen Sie sich Zeit. Wenn Sie bereit sind, fahren Sie fort.

4. Denken Sie Ihren Gedanken jetzt nur mit der rechten Gehirnhälfte. Lassen Sie sich ganz darauf ein: Wie geht es Ihnen damit? Besser oder schlechter im Vergleich zur linken Seite? Gibt es überhaupt einen Unterschied? (Wenn Sie einen bemerken, wissen Sie auch, welche Gehirnhälfte Sie in Ihrem Denken bevorzugen.)

5. Zwischen beiden Hirnhälften existiert eine Verbindung. Öffnen Sie sie. Sie können sich dazu eine Schiebetür zwischen beiden Gehirnhälften vorstellen und diese jetzt beiseiteschieben. Spüren Sie nun den neuen großen Denkraum, in dem beide, die linke und die rechte Gehirnhälfte, gleichzeitig aktiv sind. Denken Sie jetzt Ihren Gedanken in diesem neuen Raum. Was spüren Sie? Etwas anderes als zuvor? Alles, was Sie wahrnehmen, ist wertvoll. Wenn Sie wollen, hängen Sie die Schiebetür in der Vorstellung für immer aus und denken Sie von nun an mit dem gesamten Denkraum im Gehirn. Es ist Ihre Wahl. Langsam gehen wir weiter zum nächsten Schritt.

6. Nun denken Sie Ihren Gedanken einmal mit dem Bauch. Auch das ist ganz leicht zu realisieren. Lenken Sie Ihre Aufmerksamkeit auf den Bauch und denken Sie den Begriff, den Sie wählten. Machen Sie Ihre ganz persönlichen Erfahrungen.

7. Als Nächstes schauen Sie, wie es sich mit dem Herzzentrum denkt. Das Herzzentrum ist in der Brustmitte loka-

lisiert, auf Höhe des physischen Herzen (also nicht links, sondern mittig). Wie fühlt sich das gleiche Wort im Herzzentrum an? Weiter? Freier?

8. Denken Sie den Gedanken mit Ihrem Dritten Auge. Es befindet sich an dem Punkt in der Mitte der Augenbrauen. Wird Ihr Denken jetzt vielleicht klarer? Konzentrierter, mehr »auf den Punkt«? Wie Ihre Erfahrung auch sein mag, sie ist immer richtig und für Sie persönlich stimmig.

9. Wir denken jetzt mit dem Kronenchakra, dem Energiezentrum über dem Scheitel. Denken Sie Ihren Gedanken jetzt dort und schauen Sie sich die Veränderung im Denken an. Ist es nicht faszinierend, wie vielseitig das Denken eines Gedankens sein kann? Anschließend gehen wir gemeinsam weiter.

10. Denken Sie den immer noch gleichen Gedanken – jetzt mit Ihrem gesamten Energiekörper. Damit ist das Energiefeld gemeint, das Ihren physischen Körper durchdringt und über ihn hinausgeht. Spüren Sie Ihr Energiefeld und denken Sie damit. Bemerken Sie eine Veränderung im Denken? Vielleicht ist es jetzt noch ein Stück weiter, noch mehr »ganz« in der Wahrnehmung? Dieser Vorgang wird als »holistisches Denken« bezeichnet. Möglicherweise bleiben Sie von jetzt an bei dieser Art des Denkens?

11. Als Letztes begegnen wir dem »universellen Denken«. Spüren Sie dazu noch einmal bewusst Ihr weites Energiefeld, von dem Sie umgeben und durchdrungen werden. Öffnen Sie jetzt in der Imagination Ihr Energiefeld an seinem oberen

Ende, über dem Kopf, als würden Sie in einer Sternwarte die Tore zum Universum öffnen. Denken Sie nun Ihren Gedanken mit dem gesamten Universum. Ihr Denkraum ist das gesamte Universum. Sie denken in grenzenloser Weite. Was macht das mit Ihnen?

Ich gratuliere. Sie haben das multidimensionale Denken kennengelernt und sind darüber hinausgegangen. Entscheiden Sie in aller Ruhe, mit welchem Denkraum Sie von jetzt an denken wollen. Wollen Sie holistisch denken? Oder gar universell?

Das Wunderbare an dieser Übung ist, dass sich mit dem Denken auch die Wahrnehmung tiefgreifend verändert. Der Verstand ist mit der Konzentration auf das

Wort und den Denkraum gerichtet und gleichzeitig geschieht unmerklich die zeitlose Wahrnehmung des Augenblicks. Ihre Achtsamkeit wird mit der Zeit enorm verstärkt und Sie befinden sich im Jetzt – der einzig wahren Wirklichkeit.

Eine kleine Geschichte:
Ein Gedanke

Ich bin ein Gedanke, und mein strahlender Ursprung ist das Alles und das Nichts.
Das Vergessen kam wie ein lautloser Schleier über mich – und ich war ich.
Vieles habe ich gesehen auf der weiten Reise des Werdens und Vergehens.
Ich war Stein und war Pflanze, war Tier und war Mensch.
Heute war ich und morgen schon schwand ich dahin.

Scheinbar vergessen wanderte ich zeitlose Leben auf der Erde.
Manchmal glomm ein Ahnen empor und erlosch wieder im Zweifel der Geschäftigkeit. So erklomm ich die Berge und Täler, das Gute und Böse, das Helle und Dunkle – bis ich genug gesehen, erfahren und gelernt.

Leise pochte etwas Vertrautes an meine Tür.
Ich nahm es mit auf meine Reise.

Anfangs zögerlich, dann immer mehr, bis es mich auf all
meinen Wegen begleitete.
Schließlich erkannte ich, wer es war: Die Liebe – war ich.

Und die Liebe enthüllte ein Geheimnis:
»Das, was du denkst, bist du und ist auch deine Welt.
Das, was du niemals denken kannst, warst, bist und wirst du
für immer sein.«
Und ich dankte der Liebe sehr.

So machte ich mich wieder freudig auf meinen Weg.
Ich vereinte in meinem Herzen die Berge und Täler,
das Gute und Böse,
das Helle und Dunkle – bis der Gedanke verschwand,
der ich war.
Ewig – bin ich.

VIERTES KAPITEL

DIE VOLLBEWUSSTE ACHTSAMKEIT

Die Spiritualität in der achtsamen Wahrnehmung

Die Achtsamkeitspraxis des vorangegangenen Kapitels zeigte Ihnen bereits den Weg von der unbewussten zur vollbewussten Wahrnehmung. Sie waren in der Lage, die vollbewusste Achtsamkeit mehr oder weniger intensiv zu erleben. Vielleicht spürten Sie auch die Spiritualität, die dieser erfüllenden Wahrnehmung innewohnt. Eine Art von Heiligkeit, etwas Lichtes jenseits aller religiösen Vorstellungen. Es erweckt den Eindruck, als wäre es schon immer da gewesen. Einzig der Beobachter, das Ich, hatte bisher versäumt, es zu sehen. Diese Heiligkeit ist in jedem Moment wahrnehmbar, in dem ich die Einheit mit allem erkenne und völlig davon durchdrungen bin. Das, was ich im scheinbaren Außen beobachte, bin ich auch und umgekehrt. In jedem Augenblick bin ich in unmittelbarem Kontakt mit meinem Selbst, eingebunden in die Unendlichkeit. Gleichzeitig kann ich nichts Unrechtes mehr tun, denn in der Verbindung mit allem ist Unrecht oder Falschheit kein Gedanke, der Realität erlan-

77

gen könnte. Dieses Feld hat aufgehört zu existieren. Meine Gedanken sind die Gedanken der Einen Kraft und alles Wahrgenommene ist ein untrennbarer Teil davon.

Manche würden diesen Zustand als »Erleuchtung« bezeichnen – ein Wort, das viele Fantasievorstellungen und Fehldeutungen beinhaltet. Manche glauben, Erleuchtung wäre etwas ganz Besonderes und kaum zu erreichen. Doch stellt sich die Frage: »Wer ist es denn, der etwas erreichen will, der Erleuchtung sucht?« Die Antwort ist einfach: Die Persönlichkeit sucht – und hat doch niemals die Chance, erleuchtet zu werden. Das wahre Selbst hingegen sucht nicht, es ist längst erleuchtet. Falls Sie zu den Menschen gehören, die Erleuchtung erreichen wollen, geben Sie es einfach auf. Erleuchtung ist ein natürlicher Zustand. Er kann nicht willentlich erfahren werden. Sie wissen, das wahre Sein ist immerwährend präsent und stellt sich ganz leichtfüßig ein, ohne Wollen und in größter Einfachheit. Diese Einfachheit wiederum ist es, die der spirituellen Erfahrung in der achtsamen Wahrnehmung vorausgeht. Was genau ist mit dieser Eigenschaft gemeint?

Denken wir an das Wachstum einer Pflanze. Am Anfang steht der Samen. Er ist winzig klein und unscheinbar und dennoch enthält er die Essenz des vollkommenen Lebens. Zu gegebener Zeit sprießen zwei Keimblätter. Sie sind sehr einfach anzuschauen und im herkömmlichen Sinne nichts Besonderes. Selten hält ein Mensch in seiner Geschäftigkeit inne, um ein

Samenkorn oder zwei Keimblätter zu betrachten. Zeit vergeht. Der Frühlingswind weht, und die Sonne strahlt bereits mit stärkerer Kraft. Unsere Pflanze wächst dem Licht entgegen, bildet einen oder mehrere lange Stängel, viele grüne Blätter; und mit der Zeit entwickeln sich Blütenknospen. Diese Knospen fallen auf, lassen etwas Wunderbares ahnen. Und siehe da: Einige Menschen sind bereit, stehen zu bleiben, sie zu beachten oder zu berühren. Der Sommer ist bereits in vollem Gange, als sich wunderschöne Blütenblätter entfalten. Ein Meer von Blütenblättern, Staubkronen, süßesten Düften und buntesten Farben verströmt sich in die Welt, als wollten sie verkünden: »Seht, hier bin ich, ein wahres Wunder der Schöpfung.« Die Wirkung geht nicht ins Leere. Tausende von Menschen neigen den Kopf, um dem komplexen Kosmos einer Blume Beachtung zu schenken. Die Zeit vergeht, der Sommer neigt sich dem Ende zu, und die Blume unterzieht sich einer neuerlichen Wandlung. Aus den strahlenden Blüten haben sich Samenkapseln gebildet, weniger auffallend, gleichsam weniger beachtenswert. Dennoch sind die Kapseln noch so groß, dass sie mit ihrer verbliebenen Farbe die Blicke einiger Menschen auf sich ziehen. Das äußere Kleid ist wieder einfacher geworden, der verborgene Gehalt im Inneren dagegen so reichhaltig wie nie zuvor. Die Samenkapsel öffnet sich und winzig kleine schwarze, dunkelrote oder braune Samen fallen zu Boden; sie sind zu ihrem Ursprung zurückgekehrt. Einfachst in ihrer Form und doch so vollkommen. Die Essenz des absoluten Lebens. Wer diesen reichen Schatz erkennen kann, ist wahrlich gesegnet.

Eine sehr schöne Geschichte, die zum Nachdenken anregt. Was zieht unsere Aufmerksamkeit auf sich? Das Bunte, Auffällige? Das farblos Unscheinbare? Achten wir überhaupt auf die verborgene Essenz des Lebens? Was weist Essenz auf und was beinhaltet nichts als leere Worte? Keines ist besser oder schlechter. Die Essenz kann sich im Auffälligen wie im Unscheinbaren zeigen – oder auch in beidem fehlen. Denken wir nur an alte Überlieferungen, in denen sich erleuchtete Meister als Bettler verkleiden, um ihre künftigen Schüler zu prüfen. In der modernen Zeit könnte sich ein Meister als Popstar verkleiden, es spielt keine Rolle. Der Effekt ist derselbe. Lassen sich die Menschen von der äußeren Erscheinung täuschen oder erkennen sie hinter dem Schein das wahre Sein?

Besinnen wir uns jetzt noch einmal auf die Geschichte und betrachten die Blume wertfrei als Symbol für den Entwicklungsweg des Menschen. Anfangs klein und einfach in seiner Art, ist er unbewusst stark mit dem Ursprung verbunden. Der Lauf seines Lebens hat begonnen. Auf seinem Entwicklungsweg eignet er sich immer mehr Können, Wissen und Besitztümer an. Am vermeintlichen Höhepunkt seines Lebens entfaltet er seine Blütenblätter. Er zeigt sich mit allem, was er hat und was er kann. »Schenkt mir Aufmerksamkeit, ich bin etwas Besonderes.« Um Anerkennung heischend dreht und wendet er sich im Rampenlicht der Lebensbühne. Mitmenschen bewundern ihn und halten ihn womöglich für den Größten und Besten der Welt. Eine verhaltene, leise Stimme in seinem Inneren sagt ihm jedoch, dass er diese äußere Pracht in ihrer gesamten Fülle nicht lange wird aufrechterhalten können. Alle Form ist vergänglich, seine Existenz in dieser Welt nicht weniger. »Was aber will das Leben dann von mir?«, fragt der Mensch.

Die Zeit vergeht, der Mensch wird älter, und die Blüten beginnen zu welken. Die Form in der äußeren Welt verkümmert, und die bewundernden Stimmen sind leiser geworden. Nur wenige Menschen zeigen gegenwärtig noch Interesse an ihm. Wo früher von allen Seiten Aufmerksamkeit und Anerkennung auf ihn einströmten, wird jetzt eine große Leere spürbar. Das äußere Gebaren wird ruhiger, die innere Stimme wieder lauter. »Wie groß ist dein innerer Reichtum, Mensch?«, fragt die Weisheit. »Hast du zeit deines Lebens viel angesammelt, wird er dir jetzt zum großen Segen.« Das Altern ist unwichtig geworden. Die Identifikation mit dem Körper weicht, das göttliche Selbst in seiner liebenden Kraft tritt in den Vordergrund. Still und leise wächst der innere Reichtum weiter an. Wird der Mensch darum gebeten, teilt er ihn gerne. Es ist genug davon da, er könnte das gesamte Universum damit versorgen. Einfach und natürlich in seinem Kleide sät er großzügig seine Samenkörner überall dort, wo die Menschen bereit sind, sie aufzunehmen. Fröhlich genießt er sein Leben, stets seiner innersten Essenz bewusst. Er weiß, dass kein Mensch »besonderer« sein könnte, als er es schon ist. Ruhm und Anerkennung im Außen haben keine Bedeutung mehr, sind verblasst mit den Erfahrungen seiner Jahre. Seine Einfachheit und Weisheit berühren das Gesicht des Einen – er ist eins mit dem Absoluten. Die Form verwelkt, und die Samen kehren in die Essenz des wahren Seins zurück.

Diese Geschichte zeigt völlig wertfrei die verschiedenen Entwicklungsschritte des Menschen auf: von Samenkorn, Stängel und Blatt über die Knospe, Blüte und Fruchtkapsel wieder zurück zum Samen. Es ist eine Reise von der Einheit mit der Quelle über die vielen Erfahrungen in der Trennung zurück zum Ursprung. Ein großer Kreis, der sich nach vielfältigen Erfahrungen im Außen im Bejahen der Ewigkeit im Inneren wieder schließt. In der Selbsterkenntnis hat jede Stufe ihre eigene große Bedeutung – alle Etappen auf dieser Lebensreise sind wertvoll. Sie verdienen dankerfüllte Achtung.

Das ist also mit Einfachheit gemeint. Nicht Bescheidenheit als Scheintugend unserer Gesellschaft, sondern Selbst-Erkenntnis ist der Weg. Sie können die Einfachheit durch Selbsterkenntnis jetzt wählen und in dieser Eigenschaft den prächtigen Reichtum Ihrer wahren Größe erfahren. Des inneren Lichtes bewusst verlieren künstliche Leuchtobjekte ihre Wirkung. Gleichwohl spielt die »Einfachheit im Licht« in der achtsamen Wahrnehmung des Augenblicks eine große Rolle. Stellen Sie im achtsamen Umgang mit dem Leben Ihre Persönlichkeit hintan und lassen Sie

Ihrem absoluten Gewahrsein den Vortritt. Der Grund dafür liegt auf der Hand: Befindet sich das Ego während der Wahrnehmung im Vordergrund, zentriert sich auch die Aufmerksamkeit auf mich als Persönlichkeit. Was denken andere Menschen von mir? Wie kann ich ihnen gefallen? Bin ich allen gut genug? Bin ich nicht viel besser als alle anderen? Selbst wenn diese Gedanken unbewusst ablaufen, ist die Achtsamkeit doch stark davon beeinflusst, ebenso meine entsprechenden Reaktionen. Ein Großteil der Essenz des Augenblicks bleibt unbeachtet und verschwindet im Strom der Selbstdarstellung. Im von ihm selbst inszenierten Theaterstück spielt der Schauspieler eine fahle Rolle.

Was aber geschieht, wenn die Persönlichkeit die Front verlässt und in den Hintergrund tritt? Wer ist es dann, der wahrnimmt? Das Ego verspürt ein Nachlassen seines Selbstwertes, das Selbst jedoch weiß um seine wahre Existenz. Es kann nie weniger sein, als es ist. Es muss nichts mehr beweisen, sich nicht mehr aufplustern oder den Schein wahren. Es ist sich seiner selbst wahrhaft bewusst. In schlichter Einfachheit und größtem Erstaunen erfährt es das sich entfaltende Wunder des Lebens. So lässt es in der Wahrnehmung Raum für das sich entwickelnde Geschehen. Frei von Erwartung, ohne Motiv und Ziel erfahre ich die Gegenwart.

*»Der Verstand wird nicht verstehen,
doch das Bewusstsein weiß – immer.«*

Der heilige Gedanke

In der vollbewussten Wahrnehmung gibt es einen Gedanken, der nicht mehr als solcher auftaucht. In jedem Bewusstsein verankert durchdringt er alles Leben. Ich nenne ihn den »heiligen« Gedanken, weil er mich an die Heiligkeit, das Heil-Sein und das Hell-Sein eines jeden Menschen erinnert. »ICH BIN« lautet dieser Gedanke, wenn wir ihm Form verleihen und in der wahrnehmbaren Welt äußern. Mit unserem oftmals weit unterschätzten Gedankenwerkzeug kreieren wir unsere subjektive Erfahrungswelt. Welche Ein-Sicht erschafft nun der ICH-BIN-Gedanke? Wenn Sie über diese zwei Worte meditieren, eröffnet sich Ihnen die unendliche Tiefe Ihres Seins. Die zwei Worte ICH BIN durchdringen Ihr Bewusstsein, und Sie erfahren, wer Sie wirklich sind.

Gleichzeitig erkennen Sie: In jedem Atemzug meines Lebens habe ich eine einzige, wichtige Entscheidung zu treffen. Denke, rede, fühle und handle ich in den bewertenden Mustern der Dualität oder denke, rede, fühle, handle und weiß ich: »ICH BIN«? Der ICH-BIN-Gedanke erinnert mich augenblicklich an meine immerwährende Existenz, an meine Quelle, in der kein Ich und kein Du existieren. Er bejaht die ewige Verbindung mit dem Geist der schöpferischen Universalität. In der materiellen Welt offenbart er sich als Verbunden-Sein mit allem Wahrnehmbaren. Die Welt der Trennung weicht der Welt des Eins-Seins im Ursprung. Und wenn ich mich selbst als leuchtendes Sein erkenne, sehe ich diese Wahrheit auch in meinen Mitmenschen.

Die umfassende Akzeptanz des ICH BIN führt geradewegs zur vollbewussten Wahrnehmung. Entsprechend gestaltet sich ein veränderter, sehr leichter Umgang mit dem alltäglichen Leben. Ich sehe eine Welt des Lichts. Wohl gibt es eine Welt der Dunkelheit, doch hat sie nicht mehr Wirklichkeit als der Schatten, den ein Mensch bei Sonnenschein hinter sich wirft. Und jeder Mensch, ja, jedes Kind schon, weiß, dass er nicht dieser Schatten ist. Desgleichen weiß der heilige Gedanke »ICH BIN« in mir, dass die Dunkelheit nur eine illusionäre Erscheinung in der Welt der Erfahrungen bildet. Betrachte ich also in der vollbewussten Wahrnehmung alles Erleben, alle Mitmenschen, alle Interaktionen untereinander, so sind diese tatsächlich von »Heiligkeit« getragen. In jedem Einzelnen zeigt sich das ursprüngliche Licht, das nur scheinbar von vielen Schichten mühevoller Erlebnisse und blockierender Schutzmechanismen verdeckt wird. Vergebung geschieht unmittelbar, weil das zu Vergebende keine Wirklichkeit besitzt. Zugleich entdecke ich meine eigenen inneren Muster, die diese Erfahrungen in mein Leben gezogen haben. Ich bin der Schöpfer meiner individuell erlebten Welt. Alles, was mir an Erfahrung begegnet, ist ein Teil meiner selbst.

Mit größter Dankbarkeit erkenne ich alle äußeren Erscheinungen und Begegnungen als Lernsituationen und als meine Lehrer an. Ich selbst habe sie kreiert – auf dem scheinbaren Weg der Vervollkommnung. Ich bin ein gesegneter, vollkommener Schüler, der, wie Sokrates so schön sagte, weiß, dass er nichts weiß. In diesem Bewusstsein erfahre ich immer mehr, wer ich wirklich bin.

Ein Beispiel kann diese Zusammenhänge vielleicht verdeutlichen:

Leo hat den ICH-BIN-Gedanken vollkommen erfasst, nicht nur im Verstand, sondern in seinem ganzen Sein. In der vollbewussten Wahrnehmung ereignet sich folgende Situation: Er fährt mit dem Auto eine Landstraße entlang und denkt gerade an das Licht im Herzen der Menschen und daran, dass die äußere Welt durch Liebe und Vergebung »Erlösung« erfährt. Erlösung im Sinne von Erkennen der Illusion und Wahrnehmen der Wirklichkeit. Genau in diesem Augenblick übersieht eine junge Frau Leos Auto, sie fährt aus einer Seitenstraße auf die Hauptstraße und nimmt ihm die Vorfahrt. Leo reagiert blitzschnell und kann durch eine Vollbremsung den Zusammenprall in letzter Sekunde verhindern. Die junge Frau fährt scheinbar ungerührt weiter, schneller als zulässig, beinahe so, als sei sie auf der Flucht vor dem soeben Erlebten.

In Windeseile trifft Leo die genannte einzig wichtige Entscheidung. Er hört nicht auf den kurzen Impuls seines Egos, der Frau nachzujagen, sie zur Rede zu stellen und seinem Ärger Luft zu machen. Stattdessen entscheidet er sich für ICH BIN. Noch ehe der Ego-Gedanke voll ausgereift ist, ist er auch schon wieder verdunstet. Völlig ruhig und gelassen sieht Leo die Frau vor sich fahren. Sollte sie noch während seines Weges zufällig parken, wird er ebenfalls anhalten und mit ihr sprechen. Wenn nicht, soll eine Aussprache wohl nicht Teil seiner Erfahrung sein. Kaum ist dieser Gedanke zu Ende gedacht, biegt die Dame ab und parkt auf einer größeren Parkfläche ein. Zeitgleich wird vor Leos Augen ein weiterer Parkplatz frei. Noch im Aussteigen sieht er im Auto der Frau zwei kleine Kinder sitzen, die ihm mit großen, erwartungsvollen Augen entgegenblicken. Die Mutter ist völlig eingeschüchtert, als Leo sie ruhig und freundlich anspricht: »Sie haben mich sicherlich nicht gesehen, als sie kurz vor meinem Auto auf die Hauptstraße abbogen. Wir hatten beide sehr viel Glück. Keinem ist etwas zugestoßen. Ich weiß, diese Unachtsamkeit kann jedem mal passieren. Ich möchte Sie nur um eines bitten: die Verantwortung dafür zu übernehmen – das ist alles.« Als die Dame seine ruhigen Worte hört, ist sie sehr erleichtert und entschuldigt sich für ihr unachtsames Verhalten. Leo hatte das Gefühl, es sei wichtig, die Frau an ihre Integrität zu erinnern. Die beiden lächeln sich an und schon trennen sich ihre Wege wieder.

Leo hatte in der Begegnung tatsächlich keinen Ärger in sich. In seinen Worten war nur Mitgefühl spürbar. Die junge Frau schien anfangs große Angst vor einer Auseinandersetzung zu haben. Sie konnte kaum glauben, dass jemand in dieser Situation nicht mit Aggression und Anschuldigungen reagiert. Was konnte Leo in dieser Erfahrung lernen? Konnte er seine momentanen Gedanken über das Licht in den Menschen und über die Vergebung sofort in einer adäquaten Handlung umsetzen oder bevorzugte er seine Ego-Gedanken? Erlebte er die Beteiligten als Teil seines Seins? Wenn alle Wahrnehmungen bewusste oder unbewusste Kreationen des eigenen Geistes sind, welche Botschaft versteckte sich dann dahinter? War die Frau womöglich ein Spiegel seines eigenen Handelns? In welchen Situationen tendiert Leo selbst dazu, keine Verantwortung zu übernehmen? Begrüßt er in allen Erscheinungen das Licht der Einen Quelle? Hatte er während der Vollbremsung Angst vor einem illusionären Tod oder wusste er von seinem ewigen Leben?

In der Beantwortung dieser Fragen wird ersichtlich, inwieweit ich weiß, wer ICH BIN. Der »heilige Gedanke« kann in jedem Augenblick verwirklicht werden. Selbst wenn ich es bisher versäumt habe, ist er stets zur Stelle, sollte ich mich für ihn entscheiden. Eine sehr beruhigende Tatsache, nicht wahr? Sie sehen in diesem Beispiel, dass wir immer wieder, in jedem Augenblick, die Wahl haben, für welchen Part wir uns entscheiden, für das Ego oder das wahre ICH BIN. In emotional bewegenden Situationen gleichermaßen wie in ganz banalen Alltagserlebnissen. Und dies nicht nur im Umgang mit anderen Menschen, sondern auch im Zwiegespräch mit uns selbst. Ich ermu-

*»Eingebettet in das Große Ganze
tritt ICH BIN hervor.«*

tige Sie, nie aufzugeben. Geben Sie dem umfassenden Sein immer wieder eine Chance. Sie haben es verdient, denn Sie sind ewiges Bewusstsein.

Praxis der Achtsamkeit: ICH BIN

Die bisherigen Achtsamkeitsübungen haben in Ihrer Wahrnehmung vermutlich bereits einige positive Veränderungen bewirkt. Sie haben über den einfachen Atem die konzentrierte Aufmerksamkeit auf das Jetzt gelenkt. Chronos, der Hüter der Zeit, begleitete Sie alsdann durch die illusionären Konzepte der Zeit und verdeutlichte die scheinbare Sicherheit im Raum-Zeit-gefüge. Sie hatten die Möglichkeit, diese Illusion wahrzunehmen und loszulassen, um sich dann mit dem »Tor des Himmels« dem universellen Denken zu öffnen.

Dieses Denken ermöglicht uns jetzt die Wahrnehmung des ICH BIN. Haben Sie das universelle Denken bereits mehrmals geübt, können Sie es auch jetzt, in diesem Augenblick, praktizieren. Falls es nicht auf Anhieb klappt, gehen Sie einfach noch einmal zur Achtsamkeitsübung des dritten Kapitels zurück, bevor wir gemeinsam fortfahren.

So, nun sind Sie im universellen Denkraum angekommen und nehmen ganz ruhig wahr, was geschieht. Spüren Sie bitte: Wer sind Sie in diesem universellen Raum? Wer ist dieser Denker in dieser grenzenlosen

Weite? Fühlen Sie in sich hinein und erkennen Sie auf dieser Reise zu sich selbst:

Alles, was ich bisher glaubte zu sein, bin ich nicht.
Alles, was ich benennen kann, bin ich nicht.
Ich bin kein Körper, keine Persönlichkeit,
kein Angehöriger eines Berufsstands.

Wenn ich alles losgelassen habe, was ich glaubte zu sein,
kann ich mich dem zuwenden, was ich wirklich bin.
Ich erkenne: ICH BIN.

Ich bin reine Existenz.
Ich war schon immer vollkommen.
Ich war immer und werde immer sein.
Ich bin ewig.

Ich komme mir immer näher.

Ich bin das Ganze.
Ich bin das Eine.
Ich bin die Fülle und die Leere.
Ich bin alles und nichts.

Und erkenne: auch das bin ich nicht.

ICH BIN

Lassen Sie diese Worte tief in sich einsinken. Vielleicht wollen Sie sie gleich noch einmal wiederholen mit lauter und ruhiger Stimme? Fühlen Sie beim Lesen die Energie der Worte und ihre wirkliche Bedeutung, ihren eigentlichen Sinn. Am besten lesen Sie langsam und bewusst einen Satz, schließen die Augen und spüren das Gelesene in Ihrem Inneren. Dann lesen Sie den nächsten Satz, schließen wieder die Augen usw. Auf diese Weise können Sie sich der reinen Existenz nicht nur sehr effektiv annähern, sondern sie vollkommen integrieren.

Auf unserem gemeinsamen Weg der Achtsamkeit haben Sie jetzt schon vieles gelernt. Bereitet Ihnen die Umsetzung Freude? Gelingt Ihnen die achtsame Lebensführung leicht, oder stellen sich Ihnen ab und an auch Hindernisse in den Weg? Ereignisse, die Ihnen vielleicht den Eindruck vermitteln, ein achtsames Leben zu führen wäre ziemlich schwierig? Die Erfahrung hat gezeigt, dass Hürden jeder Art geachtet werden wollen. Nicht, damit wir uns an ihnen festbeißen, sondern um sie als Lernerfahrung dankend anzuerkennen, bevor wir sie wieder loslassen. Die Sonne scheint nicht weniger, nur weil Wolken am Himmel aufziehen und sie verdecken ... und auch Wolken ziehen weiter und lösen sich wieder auf.

Im folgenden Kapitel beschäftigen wir uns mit den möglichen Hürden, die ein achtsames Leben erschweren können. Sobald wir über sie Bescheid wissen, können wir sie wie alte Bekannte begrüßen, deren Be-

such uns angekündigt war. Wir sind vorbereitet, der Besuch fühlt sich wohl in unserem Haus und kehrt zum richtigen Zeitpunkt freudig wieder nach Hause zurück, wo er hingehört. Wir selbst geben dem Leben wieder genug Raum, damit es sich in aller Fülle entfalten kann. Falls wir also Hindernissen begegnen, heißen wir sie einfach als Besuch willkommen – denn wir haben Vorkehrungen getroffen und wissen, was zu tun oder zu unterlassen ist. Darüber hinaus entdecken wir die Geschenke, die sich hinter Hürden, Krisen und Schlechtwetterperioden verstecken. Über kurz oder lang werden wir uns dann auch wieder der Sonne bewusst, die strahlt, ob der Himmel nun bewölkt ist oder nicht. ☺

Eine kleine Geschichte:
Die Nichtunterscheidung

Ein Schüler begibt sich auf die Suche nach sich selbst. Er besucht zahlreiche Seminare und reiht einen Workshop an den nächsten. Eines Tages verändert sich sein Leben. Noch vor Morgengrauen ertönt in seinem Kopf eine laute Stimme: »Du hast deinen Verstand mit genügend Informationen gefüttert. Mache dich nun leer, übe dich in der achtsamen Nichtunterscheidung und erkenne, wer du bist.« Die Worte, die mit größter Gewissheit erfüllt sind, führen den Schüler auf einen anderen Weg: zur alltäglichen Erfahrung der Nichtunterscheidung.

Er sitzt auf einer Wiese und beobachtet achtsam einen Grashalm. Der Schüler dehnt sich über sich selbst hinaus aus und ist eins mit dem Grashalm. Er fühlt ihn als Teil seines Organismus und weiß, dass diese Zusammengehörigkeit Wirklichkeit ist. Der Schüler ist Schüler und Grashalm zugleich. Als er nach seinem Tun gefragt wird, antwortet er: »Ich übe mich in Nichtunterscheidung.« Passanten schütteln verwundert den Kopf und gehen davon.

Der Schüler sitzt in einer Fußgängerunterführung auf dem Boden. Gegenüber liegt schlafend ein Bettler, vor ihm eine Mütze mit einigen Geldmünzen. Wieder dehnt der Schüler sein Energiefeld aus; diesmal spürt er das Einswerden mit dem Bettler. Er nimmt die Einheit aller Menschen wahr und weiß: Er ist Schüler und Bettler zugleich. Ein Passant wirft einen Geldschein in die Mütze und einen weiteren vor den Schüler. Dieser dankt lächelnd mit den Worten: »Ich übe mich in Nichtunterscheidung. Herzlichen Dank.« Verwundert schüttelt der Passant den Kopf.

Die Zeit vergeht. Aus dem Schüler ist ein Lehrer geworden, aus dem Lehrer ein Meister und aus dem Meister ein Seiender.

Bei den Bewohnern von Dörfern und Städten ist der Seiende ein gern gesehener Gast. Viele kennen ihn als wertvollen Helfer und Unterstützer. Heute steht er auf dem Feld und geht einem Bauern bei der Ernte zur Hand. Am Rande des Feldes hat sich eine kleine Menschentraube gebildet wie immer, wenn der Seiende irgendwo auftaucht. Einer ruft dem mittlerweile gealterten Mann erstaunt zu: »Ich kenne dich. Vor vielen Jahren war ich in der Stadt und sah dich in einer Unterführung auf dem Boden sitzen. Sprich, alter Mann, übst du dich immer noch in Nichtunterscheidung?« Der Seiende unterbricht kurz seine Arbeit. Ein alles verstehender Blick berührt die Runde, während er sagt: »Ich bin Nichtunterscheidung.«

Der Seiende hat sein Üben beendet, denn er weiß: Er ist Grashalm, er ist Bettler, er ist Freund, er ist Feind, er ist alles. Trennung ist Illusion. Achtsam lebt er seinen Alltag und achtsam lebt er, was er ist.

Unauffällig löst sich ein Schüler aus der Menschentraube. Der alte Mann hat ihn tief in seiner Seele berührt. Eine allumfassende Gewissheit macht sich in ihm breit. Am Rande des Feldes setzt er sich auf eine Wiese und beobachtet achtsam einen Grashalm.

FÜNFTES KAPITEL

HINDERNISSE LOSLASSEN AUF DEM ACHTSAMEN WEG

Hürden und die Wachstumschancen, die sie bieten

Das Verfassen dieses Kapitels stellte sich für mich selbst als kleine Hürde in meiner Achtsamkeitspraxis heraus. Wann immer ich mit dem Schreiben beginnen wollte, tauchten wie aus dem Nichts Dinge auf, die meine Aufmerksamkeit ablenkten: wichtige Telefonate, Termine, der starke innere Drang, den Schreibtisch zu verlassen, um relativ unwichtige Arbeiten im Haus zu verrichten. Doch während ich mich damit befasste, waren meine Gedanken ständig bei diesem Kapitel. Von einer achtsamen Lebensführung konnte also beim besten Willen nicht mehr die Rede sein. Dabei sind Dinge, die einen von etwas abhalten, nicht unbedingt Hindernisse. Man muss sie nur achtsam wahrnehmen. Eine gewisse Zeit lang war mir das aber nicht mehr möglich. Es war gleichsam so, als wollte sich mir die Achtsamkeit entziehen, damit ich vollkommen authentisch über Hindernisse schreiben könnte. Eine

Hürde nach der anderen stellte sich mir in den Weg, bis ich sie wieder als solche erkennen und achtsam wahrnehmen konnte. Merke: Es gibt keine Hindernisse, die einer achtsamen Lebensweise im Weg stehen könnten. Problematisch ist nur der unbewusste Umgang damit.

Hier einige der möglichen Stolpersteine, mit denen wir uns gleich im Einzelnen beschäftigen wollen:

- Ablenkung durch Aktivitäten körperlicher oder geistiger Art
- Einflüsse aus der Vergangenheit
- Konzentration statt Gewahrsein
- Erwartungen und Wünsche
- Angst vor Verantwortung
- Identifikationen
- Sicherheit als trügerischer Schein der Realität

Ablenkung durch Aktivitäten körperlicher oder geistiger Art

Wir haben diesen Aspekt, der sicher den meisten von Ihnen vertraut ist, bereits im Zusammenhang mit der ersten Ebene der Zeit im zweiten Kapitel erwähnt. Die Ablenkung an sich ist nicht das Hindernis, sondern nur der unbewusste Umgang damit. Ein Beispiel: Sie sitzen am Frühstückstisch, essen ein Marmeladenbrot, trinken einen Kräutertee, wechseln ein paar Worte mit Ihrem Partner, lesen Zeitung, denken an den Weg zur Arbeit und an all die Anforderungen, denen Sie an diesem Tag gerecht werden sollen. Summa summarum sieben Tätigkeiten, die Sie in einen einzigen Augenblick packen. Die Frage ist nun: Nehmen Sie das, was Sie da gerade tun und denken, bewusst wahr? Sind Sie mit voller Aufmerksamkeit beim Sprechen, während Sie das Lesen für einen Moment unterbrechen? Trinken Sie Ihren Tee in vollkommener Bewusstheit? Falls ja, können Sie diesen Abschnitt getrost überspringen. Diese Hürde meistern Sie mit Bravour. Falls es weniger gut gelingt, könnten Sie damit beginnen, die Anzahl der Aktivitäten zu reduzieren, die Sie gleichzeitig verrichten. Müssen es wirklich sieben auf einmal sein? Sind nicht drei schon mehr als genug? Sitzen Sie am Tisch, essen und trinken Sie. Punkt. (Ihre Familie sollten Sie allerdings von Ihrem Vorhaben unterrichten, damit es nicht zu Irritationen kommt.) Sie sitzen, essen und trinken, ganz bewusst und mit größter Achtsamkeit. Sie sind locker und entspannt. Sie öffnen sich bewusst dem Augenblick. Spüren Sie den Unterschied? Das Sitzen fühlt sich anders an. Sie kauen langsamer und gründlicher, das Marmeladenbrot schmeckt intensiver, besser. Was ist mit Ihren Gedanken? Der Verstand wird nicht mit Zeitungsmeldungen gefüttert. Anfangs unternimmt Ihr Kopf vielleicht noch ein paar Ausflüge, Sie denken an die Familie, die Arbeit, irgendwelche Probleme, doch mit der Zeit werden sie immer weniger. Sie denken ans Essen, während Sie essen, denken ans Trinken, während Sie trinken, und Sie denken ans Sitzen, während Sie sitzen. Denken und Tun bilden eine harmonische Einheit. Und falls Sie doch zeitweise an etwas anderes denken, denken Sie an etwas anderes. Das Denken und der Denker binden sich nicht an das Gedachte. Es ist ohne Bedeutung für den Augenblick. Sie sehen: In der achtsamen Lebensführung gibt es nichts, was man nicht tun dürfte. Achtsam tun Sie alles und drücken in Ihrem Handeln automatisch die vollkommene Ordnung und Harmonie des universellen Lebens aus. Da die Achtsamkeit den Augenblick und das darin enthaltene Handeln segnet, ist keine unaufrichtige oder gar feindselige Aktion möglich.

Wenn Sie diese drei Handlungen, Sitzen, Essen und Trinken, in vollkommener Achtsamkeit praktizieren, können Sie eine weitere oder mehrere hinzunehmen oder sich auch nur auf eine einzige Tätigkeit konzentrieren. Leben und üben Sie die Achtsamkeit in den verschiedensten Stufen. Zeigt sich ein Unterschied? Ist die achtsame Wahrnehmung eines einzigen Aspektes vielleicht anfangs die intensivste Erfahrung? Was und wie viel Sie auch immer achtsam wahrnehmen, jonglieren Sie mit den Aspekten und machen Sie Ihre ganz persönlichen Erfahrungen. Die Wachstumschancen liegen eindeutig darin, keine Perfektionsansprüche geltend zu machen und das achtsame Leben leicht und spielerisch zu praktizieren. Gelingt es Ihnen nicht so gut, ist auch das vollkommen in Ordnung. Nehmen Sie einfach achtsam wahr, dass es weniger funktioniert – und schon leben Sie wieder achtsam. Irgendwann begegnen Sie dem Leben in vollkommener Achtsamkeit – für immer.

Einflüsse aus der Vergangenheit

Dass die Vergangenheit unsere Gegenwart prägt, haben Sie bereits im ersten Kapitel dieses Buches erfahren. Das Beispiel von der Wahrnehmung eines Hundes zeigte, wie sehr wir uns unbewusst von zurückliegenden Erlebnissen beeinflussen lassen. Aber auch bewusst tragen wir dazu bei, dass Vergangenes die unvoreingenommene Erfahrung des Jetzt verunmöglicht oder zumindest verzerrt. Nehmen wir an, Sie haben sich mittags über einen Nachbarn geärgert und erzählen am Abend Ihrer Familie davon. Bereits während Sie sprechen, sackt die Stimmung ab. Alle Anwesenden spüren Ihren Ärger; ein ungutes Gefühl macht sich breit. Das Jetzt wird überlagert durch eine Erzählung aus der Vergangenheit. Wie ein Sog zieht es Sie in das bereits vergangene Tagesgeschehen und Sie achten nicht mehr auf das, was jetzt ist. Die Emotionen, die am Mittag herrschten, sind wieder da und lassen ein Energiefeld entstehen, das dem jetzigen Augenblick nicht entspricht. Das Gleiche geschieht, wenn Sie positive Nachrichten überbringen oder von etwas Lustigem erzählen, das sich vielleicht am Arbeitsplatz zugetragen hat. Ihre Zuhörer schmunzeln vergnügt – sie sind Teil der Geschichte geworden. Diese Beispiele zeigen, wie leicht wir uns von der bewussten Wahrnehmung des Augenblicks entfernen. Aber es gibt eine Lösung: Gegenwart und Erzählung aus der Vergangenheit können wieder eine Einheit bilden, indem Sie alles, was im Raum geschieht, achtsam und mit innerer Losgelöstheit wahrnehmen. Nutzen Sie dazu den holistischen oder universellen Denkraum. Sie sind das Zentrum und aus Ihrer präsenten Mitte heraus geschieht Wahrnehmung. Aus Gegenwart und Vergangenheit wird das Jetzt. Erkennen Sie den Unterschied? Die Vergangenheit ist also nur dann ein Hindernis, wenn Sie Ihre innere Mitte verlassen haben und als Ego-Persönlichkeit dem Einfluss der Vergangenheit ausgeliefert sind. Wenn Sie in zentriertem Gewahrsein Sie selbst sind, kann nichts im Außen Sie beeinflussen. Sie nehmen urteilslos wahr – wie ein neutraler Beobachter.

Einer meiner Klienten kommentierte diesen Sachverhalt einmal mit den Worten: »Ja, wenn das so ist, wird das Leben dann nicht total langweilig? Will ich diese Achtsamkeit denn überhaupt – sie scheint mir doch sehr kompliziert zu sein. Da muss ich an so viel denken – wie anstrengend!« Lachend erwiderte ich: »Für den Verstand, ja. Doch wenn Sie universell denken, geschieht die achtsame Wahrnehmung wie von selbst. Sie offenbart sich in einer Fülle des Augenblicks, die unbeschreiblich ist. Sie ist weder langweilig noch anstrengend oder kompliziert. Bloß dass der Verstand nicht das geeignete Werkzeug ist. Das Gewahrsein hat nichts mit dem eigentlichen Denken gemeinsam. Es ist grenzenlos frei und überwindet alle Vorstellungen. An dieser Hürde wachsen Sie über sich hinaus. Wenn Sie wollen, können Sie versuchen, die Einflüsse der Vergangenheit zu erkennen, sobald sie auftreten. Dadurch schenken Sie ihnen bewusst die Achtung, die erforderlich ist, um ins Jetzt zurückkeh-

*»Die Beschäftigung mit der Vergangenheit
ist ein nie enden wollender Zeitvertreib in der Gegenwart.
Die Beschäftigung mit der Gegenwart
führt zum zeitlosen Jetzt.«*

ren zu können. Das Jetzt entfaltet sich wie von selbst, Sie brauchen gar nichts zu tun. Befreien Sie sich von allen Vorstellungen und Wünschen und der jetzige Augenblick zeigt sich in all seiner Schönheit.«

Konzentration statt Gewahrsein

Die Konzentration ist eine der großen Fallen, die die achtsame Wahrnehmung begrenzen können. Ich erinnere mich noch an Zeiten, in denen ich sehr stolz auf meine Konzentrationsfähigkeit war. Ich war felsenfest davon überzeugt, auf diese Weise achtsame Wahrnehmung zu praktizieren. In jungen Jahren wiesen mich weder Anstrengung noch Ermüdung (deutliche Anzeichen für das Verfehlen des reinen Gewahrsams) auf diese Fehlwahrnehmung hin. Kraftstrotzend und willensstark, wie ich war, erzielte ich recht gute Erfolge. Ich war mir sicher, dass ich achtsam lebte, und hatte nicht die geringste Ahnung, dass ich aus einem sehr begrenzten Pool schöpfte.

Die wahre Achtsamkeit sollte ich bald auf meinen Studienreisen in asiatischen Ländern kennenlernen. Dort war die gebündelte Kraft der Achtsamkeit frei von jedem persönlichen Wollen (eine Unpersönlichkeit, die ich heute als überpersönlich bezeichnen würde). Erst als mir diese freie Wahrnehmung begegnete, erkannte ich den Unterschied zwischen konzentrierter Wahrnehmung und achtsamem Gewahrsein. Ich spürte ihn in meiner gesamten energetischen Signatur.

In der konzentrierten Wahrnehmung bündle ich meine Aufmerksamkeit mit all meiner persönlichen Kraft auf ein bestimmtes Geschehen. Dabei nehme ich mit der Begrenzung meines Egos wahr. In seiner stärksten Ausdrucksform entsteht ein Sog, der die Energie des Geschehens in mein persönliches Energiefeld zieht. Tritt dieser Mechanismus zwischen zwei Menschen auf, wird die willensstärkere Person mehr Energie bekommen, während der Schwächere an Kraft verliert. Der eine fühlt sich plötzlich sehr gut, der andere ausgelaugt und matt. Wir sprechen in solchen

Fällen gern von Willensbeeinflussung oder Manipulation und nur die wenigsten wissen um die eigentliche Ursache, die sich in vielerlei Hinsicht mit Osmose vergleichen lässt:

Zwei Kammern sind durch eine semipermeable (= halbdurchlässige) Wand getrennt. In der einen Kammer befindet sich Wasser, in dem verschiedene Salze gelöst sind. In der zweiten Kammer hat das Wasser eine erheblich niedrigere Salzkonzentration. Nun fließt durch die halbdurchlässige Wand so lange Wasser aus der zweiten Kammer in die erste, bis die Salzkonzentration auf beiden Seiten ausgeglichen ist. Ein solcher Ausgleich tritt – einem Gesetz des natürlichen Lebens folgend – immer auf. Doch was hat das mit achtsamer Wahrnehmung zu tun?

Im Zustand hoher Konzentration bin ich wie die erste Kammer. Wähle ich die willentliche Einflussnahme, bildet mein starkes Energiefeld entgegen den natürlichen Gesetzen einen Sog in meine Richtung. Von »osmotischem Ausgleich« kann unter diesen Umständen keine Rede sein. In meiner Begrenzung will ich mich bewusst oder unbewusst an der Energie anderer bereichern. Meine »Salzkonzentration« steigt also noch mehr an, was zu einem noch ausgeprägteren Ungleichgewicht führt.

Was verändert sich nun aber, wenn ich die Lebensgesetze respektiere und mich für achtsames Gewahrsein entscheide? Ich öffne mein mitfühlendes Herz und lasse meinen persönlichen Willen los. Dann lenkt der universelle Wille, ja das Leben selbst das Gesche-

hen. Ich bin der, der ich bin. In mir herrscht ein unend-
licher, grenzenloser Energiefluss. Es gibt absolut keinen
Mangel daran. Ich bin in der grenzenlosen Weite des
Seins. Die Energie fließt von mir zu meinem Gegenüber. Obwohl ich gebe, verliere ich nichts und trotzdem
gleichen wir uns einander an. Es ist genug für alle da.
Der Austausch erfüllt auch mich. Das Geben geschieht
vollkommen erwartungslos. Ich stelle eine Ressource
zur Verfügung und der Empfangende kann alles damit
tun: sie ablehnen, annehmen, teilweise annehmen ...
Meistens akzeptiert mein Visavis diesen Energiefluss
unwillkürlich und fühlt sich dann stark, gekräftigt und
unendlich wohl. Unbewusste Erinnerungen an sein
wahres Sein tauchen in ihm auf. Wie bei der Osmose
findet ein natürlicher Ausgleich statt und darüber hinaus ein Gewahrsein der unerschöpflichen universellen Quelle selbst. Zugleich nehme ich achtsam und
ohne Einschränkung wahr, was ist.

Verstehen Sie nun, warum mich die Lebensart einiger Asiaten so faszinierte? Ich spürte am eigenen Leib,
was die achtsame Wahrnehmung bedeutete. Anfangs
konnte ich es nicht genau benennen; ich wusste nur,
dass der Umgang mit dem Leben, wie ihn diese Menschen praktizierten, »richtig« war. Seither versuchte
ich einfach nur noch wahrzunehmen. Meinen begren-
zenden Willen stellte ich so lange aufs Abstellgleis, bis
ich ihn in den universellen Willen integriert wusste.
Das geschah, ohne dass ich es bemerkte, einfach aufgrund meines Wissens darum, wer ich wirklich bin.

Falls auch Sie die Energiefelder anfangs nicht differenziert wahrnehmen können, ist das nicht weiter schlimm. Verfahren Sie wie ich damals. Sobald Sie in der Wahrnehmung den Einfluss Ihres Willens verspüren, reicht diese Erkenntnis aus, um ihn wieder loszulassen. Dann nehmen Sie einfach wieder wahr. Das ist so unspektakulär, dass Sie vielleicht Ihre Achtsamkeit infrage stellen. Lassen Sie sich aber nicht beirren. Achtsame Wahrnehmung ist leicht und einfach. Sie macht frei und glücklich. Ihre Wachstumschance besteht darin, sich dieser Leichtigkeit und Freiheit immer mehr zu öffnen.

Erwartungen und Wünsche

Erwartungen und Wünsche sind nichts als der Glaube an die Existenz des Mangels in einer anderen Verkleidung. Ergebnisse werden immer von Erwartungen geprägt. Gedanken haben die Macht, sich zu verwirklichen. Denn was ist eine Erwartung anderes als ein ursprünglicher Gedanke? Ein Gedanke, der sich bereits zu einem mehr oder weniger starken Energiefeld verdichtet hat. Wenn jemand eine Person oder einen Zustand er-wartet, wartet er zum Zeitpunkt A auf etwas/jemanden, das/der zum Zeitpunkt B präsent sein soll. Eine Erwartung ist demnach an die Illusion der Zeit gekoppelt. Zum Zeitpunkt A erleben wir Mangel und konzentrieren alles darauf, den Zeitpunkt B mit der erwünschten Erfüllung zu erreichen. Die Erwartungshaltung ist oft Bestandteil der Manifestation von

Wünschen und steht unter permanentem Einfluss des Egos. Dieses wiederum glaubt, nur mit einer entsprechenden Erwartung ans Ziel der Wünsche zu gelangen. Eine Welt, die unter verkehrten Voraussetzungen wahrgenommen wird. Weder das eine noch das andere hat tatsächlich Gültigkeit. Die Wirklichkeit kennt nur Erfüllung. Fülle ist der natürliche Seinszustand, der nur seitens der Persönlichkeit Begrenzung erfährt. Praktizieren Sie die Achtsamkeit, erfahren Sie diese Fülle als reinen Dauerzustand. Ein jeder Augenblick ist unendliche Fülle und der darauf folgende ebenso. Nichts anderes existiert. Mit Fülle ist nicht nur die materielle Fülle gemeint, sondern ein Erfüllt-Sein, das keine Wünsche mehr übrig lässt. Reine Glückseligkeit.

Wenn nun der Gedanke eines Wunsches auftaucht, gleiten Sie unmittelbar in die Illusion des Mangels. Ein Mangel ist also ein eindeutiger Hinweis darauf, dass wir uns nicht in der Wahrnehmung des Jetzt befinden. Eine Affirmation bringt uns in diesem Fall wieder zurück zur inneren Präsenz, in den Augenblick, jetzt. Die Affirmation könnte etwa lauten:

Ich erkenne Mangel als eine Illusion.
Ich bejahe die universelle Fülle als einzige Wahrheit.
Ich öffne mich der grenzenlosen Fülle des JETZT.
Mit Dankbarkeit nehme ich die unendliche Fülle
des Augenblicks wahr.
Ich bin JETZT.
ICH BIN.

Wie sehr die Achtsamkeit durch Erwartung getrübt sein kann, zeigt ein kleines Beispiel. Lesen Sie die erste Version, die durch Erwartung geprägt ist und vergleichen Sie dann mit der zweiten erwartungsfreien Version. Der Unterschied ist eindeutig.

MIT ERWARTUNG:

Eine Mutter er-wartet ihre Tochter von einem Ausflug zurück. Die Zeit vergeht, und die Tochter kommt und kommt nicht heim. Langsam wird die Mutter ungeduldig und nervös. Sie hört ein Auto in der Einfahrt, springt auf und läuft zur Tür. Doch weit und breit ist niemand in Sicht. Sie muss sich wohl getäuscht haben. Wieder zurück in der Wohnung geht das Warten weiter. Der Sohn möchte der Mutter etwas Wichtiges erzählen – sie aber hört nur mit halbem Ohr zu. Der Sohn spürt die Abwesenheit der Mutter und geht traurig auf sein Zimmer. Er fürchtet, etwas falsch gemacht zu haben.

Da glaubt die Mutter das Telefon läuten zu hören, aber auch das ist nur Einbildung. Als die Tochter endlich nach Hause kommt, wird sie von einer ungeduldigen und hektischen Mutter empfangen, die ihren ausgestandenen Ängsten in heftigen Vorwürfen Luft macht.

OHNE ERWARTUNG:

In achtsamer Präsenz weiß die Mutter, dass alles, was geschieht, seine Ordnung hat. Sie vertraut in die ewige

Existenz des Seins und hat selbst die Angst vor dem Tod verloren. Sie weiß, dass das Leben unendlich ist. Mit voller Aufmerksamkeit geht sie ihrer Tätigkeit nach. Sie wartet nicht. In ihrem Inneren spürt sie, dass es der Tochter gutgeht. Der Sohn erzählt sein Erlebnis, und sie hört ihm achtsam zu. Der Junge freut sich, denn er fühlt sich verstanden und angenommen. Als die Tochter eine Stunde später heimkommt, wird sie liebevoll von der Mutter umarmt. Das Mädchen erzählt freudestrahlend von einem Salamander, den sie auf der Straße aufgelesen hat. Um ihn vor den Autos zu retten, hat sie ihn in den Wald zurückgebracht. Die Mutter dankt dem Kind für seine Hilfsbereitschaft

*»Mangel ist die Fahne des Egos,
die im Wind der Bedürftigkeit weht.«*

und bittet es, beim nächsten Mal kurz telefonisch Bescheid zu geben, wenn es sich verspäten sollte.

Achtsamkeit kennt weder Mangel noch Wunsch oder Erwartung. Alles ist immer zur rechten Zeit am rechten Ort, eingebettet in universelle Fülle.

Angst vor Verantwortung

Wenn Sie in jedem Augenblick achtsam leben, übernehmen Sie die volle Verantwortung für sich. Dann gibt es keine Ausreden mehr – Sie denken nicht einmal daran, irgendwelche Ausflüchte zu erfinden. Sie fühlen die Verbundenheit mit allen Menschen, allen Lebewesen. Denn Sie wissen: Wenn Sie andere missachten, missachten Sie sich selbst. Wenn Sie andere achten, achten Sie sich selbst. Die Wahrheit des Herzens ist Ihnen oberstes Gebot. Sie übernehmen keine Rollen mehr und sind einfach Sie selbst. Es wird Menschen geben, die damit nicht oder noch nicht klarkommen. Menschen, die in unterschiedlichen Rollen brillieren und großen Gefallen an ihrem Schauspiel finden. Eine Zeit bricht an, in der die Interessen immer mehr auseinanderklaffen. Freunde, die eine Zeit lang in Ihrem Leben sehr wichtig waren, gehen nun völlig andere Wege. Es ist eine Zeit der Los-Lösung, der Neu-Orientierung und des Neu-Findens.

Wenn Sie sich in liebender Ehrlichkeit aus dem Kollektiv der Angepassten lösen, kann es sein, dass Sie anfangs eine gewisse Einsamkeit empfinden. Einhergehend mit Angst davor, sich auch vor anderen Menschen zu diesem »neuen« Ausdruck des Lebens zu bekennen. Dieser Lebensabschnitt wird von einer Art Ungewissheit geprägt. Viele Fragen treten auf und bleiben zunächst unbeantwortet. Fragen wie etwa: »Was passiert, wenn ich aus der Reihe tanze? Bin ich dann ein Fremder unter Fremden? Wie reagieren andere auf mich?« Diese Angst ist eine Eigenschaft des Egos. Doch seien Sie unbesorgt. Es existiert etwas in Ihnen, das trotz allem dem eingeschlagenen Weg voller Vertrauen folgt. Das ICH BIN kennt diese Fragen nicht. Es weiß: Andere spiegeln mir nur mein eigenes Verhalten. Sollte jemand an mir zweifeln, verteidige ich mich nicht und greife auch nicht an. Denn wenn ich weiß, wer ich bin, habe ich den Mut, die Verantwortung für diese und jede andere Situation zu übernehmen, in der ich mich bewege. Im Stillen bedanke ich mich für die lehrreiche Botschaft, die mir das Leben überbringt, und finde dann in aller Ruhe heraus, wann ich selbst an mir oder anderen zweifle. So will es das Gesetz der Resonanz, das natürlich auch in umgekehrter Richtung wirksam ist. Wenn ich in meiner inneren Mitte bin und unbeirrbar meinen Lebensweg beschreite, wird kein Mensch an mir zweifeln können. Das ist unmöglich. Sind meine persönlichen Schwingungen von Achtsamkeit, Ehrlichkeit und Integrität geprägt, werden auch meine Weggefährten so gestimmt sein.

Die Achtsamkeit nimmt verantwortungsvoll alles an, was ist, und agiert, wenn es nötig ist. Jegliches Geschehen erfährt sie frei von Verzerrung. In der achtvollen Annahme erkennen Sie in allen Problemen unmittelbar die Lösung. Das Einzige, was Sie verändern, sind Ihre eigenen Ansichten und Denkweisen. Auf andere wollen Sie keinen Einfluss nehmen. Denn Sie wissen, dass das unmöglich ist und deshalb nur in Spannungen und Streit enden kann. Eine achtsame Lebensweise führt Sie zur liebevollen Verantwortung sich selbst gegenüber. Diese Verantwortung lebt durch das Bewusstsein von ICH BIN und ist die natürliche Ausdrucksform des allumfassenden Ursprungs, der Einheit alles Lebendigen.

Identifikationen

Über dieses Thema habe ich mich ausführlich in meinem Buch *Mit der Kraft des Glaubens – Die machtvollste Energie in uns finden und entfalten* geäußert. Trotzdem komme ich hier kurz darauf zurück, weil Identifikationen in der Achtsamkeitspraxis eine nicht unbedeutende Hürde darstellen. Alle Bindungen und Anhaftungen an äußere oder innere »Autoritäten« bedingen eine zensierte Wahrnehmung der Wirklichkeit. Identifikationen sind Glaubenssätze, die mein Sein bestimmen, mein Leben dirigieren und es in bestimmte Richtungen lenken. Ich spreche von »inneren Autoritäten«, weil diese angelernten Glaubenssätze in der illusionären Wahrnehmung darüber befinden, wer ich zu sein scheine: »Ich bin mein Körper, ich bin Chef, ich bin Angestellter, ich bin wenig wert, ich bin die ›Königin des Universums‹, ich bin der ›König der Straße‹.« Meine Funktion beeinflusst das Handeln und Sein, und ich erkenne nicht mehr mein wahres ICH BIN (glaube z. B., als Chef mehr wert zu sein als als Angestellter, und verhalte mich entsprechend).

Identifikationen jonglieren allein mit der Persönlichkeit, bauen diese auf oder mindern ihren Wert. Möglichkeiten, Anhaftungen mit dem ewigen »ICH BIN« zu vereinen, gibt es nicht. Entweder erfahre ich durch Bindungen eine begrenzende Welt oder ICH BIN. Beides zugleich ist nicht möglich. In der achtsamen Lebensführung nehme ich meine Identifikationen wertfrei wahr, danke ihnen für die Lernchancen, die sie mir geboten haben, und lasse sie los. Alsdann besinne ich mich auf das, was ich wirklich bin. Das, was ich bin, erfahre ich nur jetzt. Weder gestern noch morgen. Weder in meiner Lebensgeschichte noch in meiner Persönlichkeit oder in irgendeiner Rolle, die ich spiele. Im Jetzt erkenne ich mich als unbeteiligten Beobachter der äußeren Welt. Ich bin erfüllt vom einzigen Augenblick, bin weder dies noch das, sondern ICH BIN.

Sicherheit als trügerischer Schein der Realität

Ein wesentlicher Bereich der Identifikation ist die Jagd nach Sicherheit in der äußeren Welt. Sie gaukelt uns ein scheinbar vertrauensvolles Leben vor und ist doch nur auf Sand gebaut. Vielleicht können Sie erkennen, dass diese Vorstellung für das eigentliche Leben nicht (mehr) brauchbar ist, und sie endgültig aus Ihrem Dasein verabschieden. Ein klares Bewusstsein gepaart mit der Identifikation von Scheinsicherheiten gleicht der Wasseroberfläche eines Sees bei mehr oder weniger heftigem Unwetter. Doch entscheiden Sie bitte selbst.

Von Kindesbeinen an sind wir in Strukturen, Organisationen oder Institutionen eingebunden, die uns ein Gefühl von Zugehörigkeit vermitteln. Damit scheint eines unserer Hauptbedürfnisse erfüllt zu sein: Ich bin ein Individuum, und gleichzeitig bin ich Teil eines äußeren sozialen Gefüges. Ordne ich mich in diese Strukturen ein, bin ich in Sicherheit.

Dies ist zweifelsohne ein brauchbares Hilfsmittel, nimmt es seinen dafür vorgesehenen Platz ein – mit der Aufgabe, als Möglichkeit dem Leben zu dienen. Doch was passiert, wenn umgekehrt das Leben dem Hilfsmittel dient, sich also den vermeintlichen Sicherheiten unterordnet? Können wir dann noch von »Vertrauen ins Leben« sprechen? Wohl kaum. Letzten Endes schneiden wir uns auf diese Weise sogar vom Strom des Lebens ab. Sehr deutlich sehen wir dies in Krisenzeiten, unabhängig davon, ob sich diese im persönlichen Leben oder weltweit ereignen. Scheidungen, Verlust von nahestehenden Menschen, Finanzkrisen ... von einem Augenblick zum anderen ist nichts mehr so, wie es vorher war. Konzepte, die umreißen, wie das Leben zu funktionieren hat, greifen nicht mehr und verdeutlichen nur noch ihren wahren Charakter: Sie sind einfach nur Möglichkeiten, das Leben zu leben, aber nicht mehr. Sie werden austauschbar, können jederzeit durch andere ersetzt werden. Haben Sie Ihr Leben vor allem auf diesen äußeren Möglichkeiten aufgebaut? Machen Sie sich klar, dass sie irgendwann wie ein Kartenhaus zusammenfallen, spätestens, wenn Sie Ihren Körper und die Erde verlassen. Dann tauchen womöglich Schleier der Angst und Ungewissheit auf. Doch seien Sie gewiss: Auch das sind nur schemenhafte Felder von Illusionen, die Sie durch liebevolles Annehmen durchdringen und verlassen werden. Was Sie hinter diesen Illusionen erwartet, ist ein freudiger Ausdruck des Seins. Spätestens dann werden Sie die kraftvolle Quelle des ewigen Lebens wieder spüren. Spätestens dann erfahren Sie das Urvertrauen, in das Sie von jeher eingebettet waren. Spätestens dann enttarnen Sie alle Überlebensängste als illusionäre Denkkapriolen und lachen befreit über Ihre frühere Unwissenheit.

Ich ermutige Sie von Herzen, die Bindungen an alle Scheinsicherheiten aufzugeben und Ihre wahre Kraftquelle des Lebens bereits jetzt in sich zu entdecken. Die äußeren Hilfsmittel dürfen natürlich weiterhin bestehen bleiben, es spricht nichts dagegen. Achten Sie jedoch darauf, inwieweit eine Bindung daran besteht, vielleicht sogar Abhängigkeit davon, und lösen Sie diese auf, wenn Sie wollen. Das Geschenk, das Sie erhalten, ist eine unermessliche Freiheit, die in ihrer Weite und Leichtigkeit ein grundloses Vertrauen in das Leben mit sich bringt.

Es gibt verschiedene Techniken, sich dieser Begrenzungen bewusst zu werden. Eine Möglichkeit ist das

Mittel der Visualisierung und das entspannte Beobachten der entsprechenden Gefühle und Körperreaktionen. Möchten Sie Abhängigkeiten oder Bindungen erkennen und sich daraus befreien, praktizieren Sie doch gleich einmal die nachfolgende Achtsamkeitsübung.

Praxis der Achtsamkeit:
Wahrnehmen und Erlösen von Scheinsicherheiten

1. *Erstellen Sie eine Liste, in der Sie alle äußeren Sicherheiten aufzählen, die Ihrem Leben dienlich sind, z. B. Versicherungen, Geldanlagen, Zugehörigkeit zu Organisationen, Religionsgemeinschaften, Vereinen, Teilnahme an gesellschaftlichen Events.*

2. *Wählen Sie einen Aspekt aus, der Ihnen besonders wichtig erscheint, z. B. Ihre Geldanlagen. Schließen Sie die Augen und öffnen Sie sich entspannt den Erfahrungen, die Sie gleich machen werden. Wenn es Ihnen bei der Entspannung hilft, können Sie im Hintergrund leise Musik laufen lassen. Stellen Sie sich vor, Sie hätten keinerlei Geld angelegt, keine finanzielle Rücklage. Was empfinden Sie? Lassen Sie sich Zeit. Beobachten Sie alle Emotionen, die auftauchen, auch eventuelle Körperreaktionen wie Druckgefühl, Enge, Unruhe, Räuspern, Schwitzen. Bewerten Sie nichts, seien Sie einfach neutraler Beobachter.*

3. Sollten sich keine Reaktionen zeigen, weder Ängste noch andere unangenehme Gefühle, haben Sie einen guten Zugang zu Ihrer inneren Sicherheit. Das Urvertrauen in Ihnen ist lebendig. Dann können Sie den Aspekt »Geldanlage« abhaken und sich dem nächsten Punkt auf Ihrer Liste widmen. Reagieren Sie jedoch emotional oder körperlich auf das Thema »Geldanlage«, so ist dies ein Hinweis darauf, dass bei Ihnen irgendeine innere Bindung daran besteht. Sie brauchen das Warum und Wieviel nicht zu ergründen. Das würde die Identifikation nur verstärken. Wenden Sie sich im nächsten Schritt gleich der Lösung zu.

4. Nehmen Sie die auftretenden Gefühle und Körperreaktionen ganz bewusst an. Bejahen Sie sie aus vollem Herzen. Vermeiden Sie jeden Druck – Sie müssen kein Resultat vorweisen. Alles darf sich in Ihrem eigenen Tempo entwickeln. Spüren Sie dann noch einmal in sich hinein. Sind Ihre Gefühle jetzt schon leichter geworden? Falls nicht, erlauben Sie sich diese Gefühle. Bleiben Sie so lange in der Bejahung, wie es Ihnen guttut. Falls Sie dabei ungehalten werden, darf auch das sein. Alles ist erlaubt. Die Lektion, die Sie hier lernen können, lautet: Akzeptanz. Umarmen und bejahen Sie auch Ihren Widerstand.

5. Ordnen Sie den erlebten Gefühlen und Reaktionen nun spontan eine Farbe zu. Dazu steht Ihnen die ganze Palette des Regenbogens zur Verfügung, zusätzlich auch die unbunten Farben. Lassen Sie die Farbe, die Ihnen als erste in den Sinn gekommen ist, intuitiv vor Ihrem inneren Auge in Erscheinung treten. Bleiben Sie dabei vollkommen entspannt.

Sie müssen die Farben übrigens nicht wirklich sehen. Es ist auch möglich, dass sich einfach ein Gefühl (oder ein Wissen) für eine entsprechende Farbe einstellt. Alles, was sich zeigt, ist in Ordnung. Angenommen, der Aspekt, keine finanzielle Sicherheit zu haben, löst bei Ihnen ein Gefühl der inneren Unruhe aus, dem Sie die Farbe grau zuordnen. Nehmen Sie diese Farbe an, indem Sie sich in der Vorstellung in die graue Farbschwingung hineinfallen lassen. Vielleicht haben Sie das Gefühl, ins Bodenlose zu fallen, vielleicht schweben Sie, möglicherweise ist es Ihnen angenehm, vielleicht empfinden Sie es aber auch als schwer erträglich. Stellen Sie jetzt die Farbe in den Vordergrund und nicht mehr das Thema der Geldanlage. Lassen Sie sich immer tiefer auf die Farbe ein und beobachten Sie achtsam, was geschieht. Irgendwann wird die Farbe immer heller, leuchtender und strahlender werden. Sie erfahren dann unendliche Geborgenheit in einem warmen, wundervollen Licht. Sie sind am Ursprung des Lebens angelangt. Hier lösen sich alle Ängste und Schatten auf. Tief in Ihrem Inneren ahnen Sie, was es bedeutet, dem Leben zu vertrauen und sich seinem Fluss hinzugeben. Hinter jeder Dunkelheit liegt das Licht verborgen. Sollten sich in dieser Übung anfangs dunkle Farben zeigen, sind diese nicht schlechter oder besser als hellere. Das universelle Licht durchdringt alle Farben und alle individuellen Erfahrungen.

6. Je nach Intensität der Übung lassen Sie bitte einige Tage verstreichen, bis Sie sich dem nächsten Aspekt widmen. Im besten Falle haben sich schon durch die erste Erfahrung der grenzenlosen Quelle alle übrigen Bindungen und Abhängig-

keiten gelöst. Es kann aber auch sein, dass sich diese heilsame Erfahrung nicht beim ersten Mal einstellt. Nehmen Sie es an, wie es ist. Ein Muss gibt es nicht. Wir Menschen sind nicht auf der Erde, um einen spirituellen Wettbewerb zu veranstalten. Wir sind hier, weil wir spirituelle Wesen sind. Achten Sie Ihre Erfahrungen als dieses göttliche Sein, genießen Sie die gegenwärtige Phase und vertrauen Sie. Es wird eine Zeit kommen, in der Sie erkennen, wer Sie sind.

Eine kleine Geschichte:
Bruder Mangel und Bruder Überfluss

Mangel und Überfluss sind Brüder. »Mangel hat es nicht leicht im Leben«, sagen die Leute. Er versagt sich alles, will (unbewusst) nichts besitzen und glaubt, zu viel Geld verderbe den Charakter. Er scheint immer Pech zu haben. Glücklich ist er nicht, doch versucht er, aus allem das Beste zu machen. Überfluss ist komplett anders. »Gegensätzlicher können zwei Brüder nicht sein«, sagen die Leute. Überfluss will alles besitzen und erhält es auch. Er scheint ein Glückspilz zu sein. Er glaubt, je mehr Geld er habe, umso glücklicher werde er. So trachtet er sein Leben lang nach mehr Besitz und immer mehr und immer mehr.

Die Jahre vergehen. Eines Abends, als beide Brüder vor dem Kamin beisammensitzen, klopft es an der Tür. Ein alter Mann steht draußen und bittet freundlich um Einlass. Sein Name sei Fülle, sagt er und übergibt den Brüdern einen Zettel mit der Botschaft: »Wer Fülle begegnet, erkennt Irrtum und Wahrheit.« Etwas ratlos stehen Mangel und Überfluss an der Tür. Es ist sehr kalt draußen, der Alte findet heute sicher keine Bleibe mehr. Nach kurzem Zögern bitten die Brüder den Alten herein. Zu dritt sitzen sie nun vor dem warmen Kamin und blicken nachdenklich ins Feuer. Es herrscht Stille. Nur das Feuer knistert. Wie aus dem Nichts unterbrechen plötzlich drei einfache Worte das Schweigen: »Was ist Glück?«, fragt Fülle, der alte Mann. Mangel antwortet sofort: »Ich weiß es. Schau dir meinen Bruder an, das ist Glück. Wenn du genug Geld besitzt, kannst du dir alle Wünsche erfüllen.« Seufzend fügt er hinzu: »Das möchte ich einmal erleben.«

Überfluss blickt seinen Bruder erstaunt an und sagt: »Lieber Mangel, ich bin nicht glücklich. Schau mich doch an. Der große Besitz ist mir zur Last geworden. Ich habe nicht mehr die Kraft, mich um alles zu kümmern, sämtliche Güter zu verwalten und instand zu halten. So viel Geld ich besitze, so viel Angst habe ich auch, es zu verlieren. Du, Bruder Mangel, kannst dich viel glücklicher schätzen. Erfreue dich an dem wenigen und genieße die Freiheit, die damit einhergeht. Diese Freiheit möchte ich einmal in meinem Leben erfahren. Das ist Glück.«

Verständnislos betrachtet Mangel seinen Bruder Überfluss und meint: »Du hast gut reden ...« Und ehe die beiden sich's versehen, ist ein wütender Streit entbrannt. Der alte Mann hört eine Zeit lang ruhig zu. Als die Argumente und Rechtfertigungen der beiden Brüder bereits erlahmen, ergreift Fülle ruhig und kraftvoll das Wort: »Heute sitze ich in eurer Mitte. Ich bin die Fülle. Mangel, du sitzt zu meiner Linken. Du glaubtest ein Leben lang an zu wenig. Überfluss, du sitzt zu meiner Rechten. Du glaubtest ein Leben lang an zu viel. Beides ist im Grunde dasselbe. Der eine leugnet, der andere übertreibt. Ich kenne beide Seiten gut. Ich habe beide erlebt und beide transformiert. Denn weder Mangel noch Überfluss sind seliges Glück. Die Fülle kennt nur ein Werkzeug, die Achtsamkeit. Ich lebe jetzt und habe alles, was ich im Jetzt brauche. Habe ich zu viel, so habe ich zu viel. Habe ich zu wenig, so habe ich zu wenig. Es berührt mein Selbst nicht, so dass es kein Zuviel und kein Zuwenig mehr gibt. Es existiert nur das, was im Augenblick ist. Und das ist so reichhaltig, dass kein Zuviel oder Zuwenig es aufwiegen könnte.

Das Jetzt ist pure Freude.

Das Jetzt ist glückseliges Erfüllt-Sein.

Das Jetzt ist grenzenlose Fülle.

Lieber Mangel, lieber Überfluss, euer beider Nachname ist Fülle. Lenkt eure Achtsamkeit auf die Fülle, die jenseits von Mangel und Überfluss liegt. Sie liegt in euch selbst. Ihr werdet reichlich belohnt werden. Im Jetzt findet ihr die wahre Antwort auf die Frage: ›Was ist Glück?‹«

Der alte Mann steht auf, bedankt sich mit liebevollem Augenzwinkern für die kurze Bleibe, die ihm gewährt wurde, und verschwindet sicheren Schrittes in der Dunkelheit der Nacht.

SECHSTES KAPITEL

ACHTSAMKEIT ALS GESUNDE LEBENSWEISE

Leben wir in vertrauensvoller Achtsamkeit, stellen sich Gesundheit und Vitalität automatisch ein. Sie sind die natürliche Folge der harmonischen Einheit von liebenden Gedanken, Gefühlen und Handlungen. Die heilige Instanz in uns, die wir ICH BIN nennen, weist den achtsamen Weg. Sie orientiert sich an den natürlichen Lebensregeln, die allen Erscheinungen Wertschätzung, Respekt und Achtung zollt. Folglich gibt es keine äußeren Regeln oder Dogmen, die zu beachten sind. Das Leben selbst regelt das Geschehen aus der höchsten Möglichkeit des Seins. Wir sind in Verbindung mit unserem Selbst und desgleichen mit unserem Geist und Körper. Es existiert keine Trennung. Dienen wir dem Leben, dient das Leben auch uns. Dieses ewige Gesetz bewährt sich selbstverständlich auch in der physischen und geistigen Gesundheit. Welche Wahrheiten übermittelt nun z. B. die Achtsamkeit in Bezug auf Körperbewusstsein und Ernährung?

Achtsamkeit und Körperbewusstsein

Wenn wir das energetische Prinzip des Körperbewusstseins erfahren, erweitert sich zugleich das Verständnis von dem, wer wir sind. Die äußeren Körperstrukturen sind uns zweifellos bestens vertraut. Wir sehen sie, können sie anfassen und betrachten sie daher als real. Bei den inneren Organen wird es schon etwas schwieriger. Aber auch von ihnen haben wir schließlich in der Schule schon einmal gehört. Umfragen haben allerdings kürzlich ergeben, dass nur noch wenige Menschen wissen, wo genau sich Leber, Galle oder Milz befinden. Selbst das Herz wird oft der falschen Körperseite zugeordnet.

Noch schwieriger scheint es zu werden, wenn es um die Wahrnehmung der Energiefelder des menschlichen Organismus geht. Da sie für das menschliche Auge unsichtbar sind, wissen nur noch ganz wenige darüber Bescheid und noch weniger können sie auch wahrnehmen. Dabei sind es aber gerade die energetischen Felder, die schon lange bevor es zu einer körperlichen Erkrankung kommt, auf eine Störung hinweisen. Da diese Energiefelder mit unseren Gedanken und Gefühlen verbunden sind, können wir durch den bewussten Umgang mit ihnen eine Krankheit im Keim ersticken. Die Wurzel wird gelöst, bevor daraus ein Gestrüpp erwächst, das an den Ressourcen zehrt. Die Achtsamkeit, die um diese Zusammenhänge weiß, vermag es, der geistigen und seelischen Ursache einer Erkrankung den Boden zu entziehen. Widmen wir uns daher jetzt der Aufgabe, den Körper zu durchgeistigen und den Geist zu verkörpern. Zunächst schauen wir uns die verschiedenen Energiefelder, auch Energiekörper genannt, etwas genauer an.

Ihre individuelle Entwicklung beginnt in Ihrem Körper. Er ist Ihr wichtigstes Instrument auf Ihrer Reise durch die Materie. Wenn Sie ihn vollständig wahrnehmen, lernen Sie sich selbst kennen. Sobald Sie Ihren Körper von innen her vollkommen in Besitz genommen haben, verfügen Sie auch über die Fähigkeit, ihn zu heilen.

Insgesamt hat jeder Mensch sieben Körper, von denen der Leib, der, den wir üblicherweise wahrnehmen, der erste ist. Damit Sie alle Körper bewusst integrieren können, folgt nun zuerst eine kurze Beschreibung der jeweiligen Körperschichten. In der dieses Kapitel abschließenden Praxisübung widmen wir uns dann ihrer achtsamen Wahrnehmung.

1. *Der physische Körper*

Der physische Körper ist ein Werkzeug, das Sie haben, jedoch nicht sind. In der zeitlich begrenzten Materie ist er ein wertvolles Gefäß für die ihm innewohnende zeitlose Vollkommenheit. Um die Erfahrungen des Lebens in diesem Körper zu vervollständigen, benötigt der physische Körper vor allem Ihre liebevolle Zuwendung. Hören Sie auf dieses intelligente Werkzeug.

Ihr Körper ist mit unglaublicher Weisheit ausgestattet. Er kommuniziert mit Ihnen, wenn Sie sich die

Zeit und Ruhe nehmen, ihn achtvoll wahrzunehmen. Seine Signale sind unzweideutig. Wenn Sie es z. B. beim Sport übertreiben, »revanchiert« er sich mit Muskelkater. Sind Sie fortwährendem Stress ausgesetzt, reagiert er womöglich mit Kopfschmerzen. Seine Botschaft könnte dann lauten: »Druck im Außen erzeugt Druck im Kopf. Denk nicht so viel. Komm zur Ruhe. Übe dich in Gelassenheit.« Wenn Sie Ihren Körper lieben und ihm stets die ihm zustehende Aufmerksamkeit schenken, dankt er es Ihnen dauerhaft mit bester Gesundheit.

Sobald es Ihnen gelingt, Ihren physischen Körper vollkommen bewusst wahrzunehmen, beginnen Sie auch, Ihren zweiten Körper zu spüren, den Ätherkörper.

2. Der Ätherkörper

Der Ätherkörper ist wie dichter Rauch. Er hat die gleiche Form wie Ihre physische Gestalt, geht in seiner Ausdehnung aber über diese hinaus. Im Ätherkörper können Sie oft die energetischen Ursachen von Krankheiten aufspüren. Treten Spannungen im Ätherleib auf, werden diese meist durch Träume abgebaut. Ein Großteil Ihrer Träume sind also ätherische Träume. Auch Ihr Gemütszustand ist diesem Körper zugeordnet. Wie Ihr physischer Körper hat auch der Ätherkörper seine eigenen Bedürfnisse, seinen eigenen Hunger und seine eigene Nahrung. Was er vor allem braucht, ist Liebe. *Ihre* Liebe. Sobald Sie bedingungslos lieben, ist Ihr Ätherkörper in Harmonie – und in der Folge auch Ihr physischer Körper. Knüpfen Sie allerdings Erwartungen an die Liebe, stellen sich in Ihren Körpern Spannungen ein.

Im Ätherkörper finden Sie jedoch nicht nur mögliche Krankheitsursachen, sondern auch Hinweise auf sofortige Heilung. Da dieser Körper eine energetische Frequenz besitzt, ist die Gesundung kein Vorgang mehr, der Zeit benötigt. Sie ist einfach eine Änderung der Frequenz. In Ihrem Ätherkörper entstehen unmittelbar Gelassenheit und Wohlgefühl; vergleichbar einem Radio, an dem Sie einen anderen Sender einstellen und von einem Moment zum anderen ein neues Programm hören können.

Wenn Sie den Ätherkörper bewusst wahrnehmen, fühlen Sie alsbald den dritten Körper, den Astralkörper.

3. Der Astralkörper

Der Astralkörper dehnt sich wiederum über den ätherischen Körper hinaus aus und enthält alle Sehnsüchte und Begierden. Meist ist es der verspannteste Körper, denn in dieser Ebene erzeugt jedes Begehren und Wollen Spannungen. Wünsche und Sehnsüchte sind alles andere als nützliche Bestrebungen. Sie weisen stets in die Zukunft, lassen uns hilflos zurück. Und schon befinden wir uns wieder im Mangel.

Sobald Sie sich als ICH BIN erkennen und Ihre eigene Schöpferkraft annehmen, kehren in diesem Körper Ruhe und Entspannung ein. Ein Schöpfer weiß, dass er alles haben kann, ja längst alles hat, und dass es im Außen nichts gibt, das er braucht, um glücklich zu sein.

4. *Der Mentalkörper*

Durch eine erneute Ausdehnung, über den Astralkörper hinaus, erreichen Sie den Mentalkörper, dem die Gedanken zugeordnet sind. Die größte Schwierigkeit, die es hier zu überwinden gilt, ist die Identifikation mit dem Intellekt. Wenn Sie wahllos Wissen anhäufen und Ihre Stellung bzw. Ihre Bedeutung in der Gesellschaft danach bewerten, sind Sie im verhängnisvollen Netz der Identifikationen gefangen. Es ist, als glaubte der Schauspieler, Shakespeares Romeo zu sein und nicht länger er selbst.

Da in unseren Kulturen erworbenes Wissen über die nicht nach Anerkennung suchende Kraft der Weisheit gestellt wird, fällt es vielen Menschen schwer, die Identifikation mit dem Intellekt zu lösen.

Doch sobald Sie gedanken-los werden und nicht mehr an Ihren Gedanken hängen, stellt Ihr Mentalkörper sofort auf Wohlbefinden um. Und dann stellt er Ihnen auch einen brillanten Weisheitsschatz zur Verfügung.

5. Der spirituelle Körper

Um den spirituellen Körper wahrzunehmen, ist es erforderlich, sich und seine Identität zu überschreiten. Hier beginnt der übermenschliche Bereich, in dem wir uns der inneren Erkenntnis öffnen. Es ist ein Gewahrwerden der Wahrheit, das sich nicht durch den Erwerb äußeren Wissens erreichen lässt. In diesen Bereichen erkennen Sie Ihre individuelle Egostruktur. Sie entdecken, dass es nicht nur ein Ego gibt, sondern viele: das physische Ego, das emotionale Ego, das mentale Ego, sogar ein spirituelles Ego. Bevor Sie den sechsten, kosmischen, Körper wahrnehmen können, müssen alle Egoschichten durch Nicht-Identifikation gelöst werden. Der spirituelle Körper ist der Höhepunkt des Menschenmöglichen, die Vollendung der Individualität. Bis zu diesem Körper konnten Sie noch etwas tun, von jetzt an kommen Sie nur weiter, wenn Sie alles loslassen und niemand mehr sind.

6. Der kosmische Körper

Jesus sagte: Wer sich verliert, wird sich finden. Dies gilt auch für den Übergang vom spirituellen zum kosmischen Körper. Im kosmischen Körper erfahren Sie sich als kosmische Nicht-Individualität. Sie sind ungeteiltes Sein, untrennbarer Bestandteil der Einen Existenz.

7. Der Nirwana-Körper

Im Nirwana-Körper erfahren Sie die Leere, das Nichts, das alles ist. Es gibt keine Verbindung vom kosmischen zum Nirwana-Körper. Sobald der kosmische Körper vollendet ist, sind Sie der Nirwana-Körper. Es existiert kein Zusammenhang mehr, kein Etwas und kein Jemand. Im Nirwana-Körper ist niemand mehr, auch kein Körper. Er ist der Ursprung, die Quelle selbst. Und wer sagt, er kenne das Ziel, war nie dort.

Sich dieser sieben Körper bewusst zu sein ist ein unvergleichliches Geschenk, ein unschätzbares Werkzeug der Heilung (auch der körperlichen Gesundung). Wenn Sie sich zum Beispiel gedanklich an einem aktuellen Problem festgebissen haben, begeben Sie sich in der Vorstellung in die vierte Ebene Ihres Körpers, den Mentalkörper. Beginnen Sie dabei im Inneren Ihres physischen Körpers und gehen Sie Schicht für Schicht nach außen, bis Sie im vierten Körper angelangt sind. Die Absicht allein genügt dafür. Nehmen Sie einfach wahr. Alles, was sich zeigt, hat seine Richtigkeit. Lenken Sie dann Ihre gesamte Aufmerksamkeit auf das alles durchdringende, göttliche ICH BIN in Ihrem Sein. Sie sind reine Existenz, ewig untrennbarer Teil des Einen. In diesem Bewusstsein bekräftigen Sie mit eigenen Formulierungen, dass alle Krankheiten oder Dissonanzen Illusion sind. Bejahen Sie von Herzen Ihre universelle Lebendigkeit, Ihre ewige Gesundheit im Mentalkörper wie auch in allen anderen Körpern.

Auf diese Weise können Sie alle energetischen Körperebenen heilen und damit selbstverständlich auch physischen Krankheiten vorbeugen. Im bewussten Umgang mit den sieben Ebenen werden Sie Ihren Körper absolut verändert wahrnehmen und ihn als wertvollen Freund und Lebensbegleiter achten. Sie geben ihm, was er braucht.

Zu einem achtsamen Umgang mit dem Körper gehören auch die Nahrungsmittel, die wir ihm zuführen.

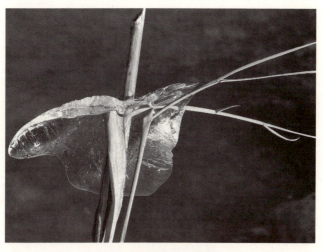

»Erkennst du deine Körper,
erkennst du dich selbst.«

Achtsamkeit und Ernährung

Achtsame Ernährung ist keine Diät. Sie kommt ohne Vorschriften aus, denn Gebote und Verbote erzeugen immer Spannungen und Druck. Dann hält man die Entbehrungen eine Zeit lang durch und schlägt dann ins Gegenteil um und völlig über die Stränge. Manche Menschen rühren beispielsweise wochenlang nichts Süßes an, nur um sich voller Heißhunger auf Schokoriegel, Torte und Gummibärchen zu stürzen, sobald sie ihre Diät beendet haben, als suche der Körper einen Ausgleich für die Zeiten des Süßigkeitenmangels. Anschließend quälen sie sich mit Selbstvorwürfen, fühlen sich elend, wertlos und haben ein schlechtes Gewissen.

Wenn man Spaß daran hat, kann man sich ein ganzes Leben lang in diesem Kreislauf bewegen. Man kann aber auch aussteigen. Sofort. Das Schlüsselwort ist Achtsamkeit. Beginnen Sie einfach, Ihren Lebensmitteln während des Zubereitens und Essens Achtsamkeit und Achtung zu schenken. Wenn Sie z. B. Karotten putzen, können Sie an die Zeit denken, als sie noch im Erdreich steckten und wuchsen. Seien Sie dankbar. Spüren Sie die Dankbarkeit, während Sie die Karotte in der Hand halten. Schenken Sie ihr liebevolle Achtung und spüren Sie die pulsierende Lebensenergie in ihr.

Eine Klientin erzählte mir einmal, ihr achtjähriger Sohn würde es immer spüren, wenn sie das Essen nicht achtsam und liebevoll genug zubereite. Wenn er von der Schule heimkommt und sich voller Vorfreude an den Tisch setzt, kommt es manchmal vor, dass er plötzlich keinen Hunger mehr hat. Sein einziger Kommentar ist dann: »Mama, du hast heute mit Sorgen und Ärger gekocht. Das will ich nicht essen. Es schmeckt mir nicht.« Selbst wenn es sich um sein Lieblingsgericht handelt, kann sie ihn nicht umstimmen. Und der Junge täuscht sich nie. Tatsächlich muss sich meine Klientin jedes Mal, wenn ihr Sohn das Essen verweigert, eingestehen, dass sie beim Kochen nicht bei der Sache und mit den Gedanken ganz woanders gewesen ist. Ihr Kind weist sie deutlich darauf hin.

Diese hochsensible Wahrnehmung haben wir Erwachsenen in der Regel längst verlernt, doch können wir sie uns mit etwas Übung wieder aneignen. Praktizieren Sie den achtsamen Umgang mit Ihren Lebensmitteln; indem Sie dankbar sind. Denken Sie *Dankeschön*, wenn Sie Ihre Mahlzeiten zubereiten und verzehren. Versuchen Sie, sie mit allen Sinnen zu erfassen. Seien Sie erfüllt von Freude, Dankbarkeit und Liebe. Und vergessen Sie die Macht des Segnens nicht. Eine gesegnete Mahlzeit schmeckt ganz anders – viel besser. Dazu machen Sie sich bewusst, wer Sie wirklich sind.

Ich bin vollkommenes, ewiges Bewusstsein.
Ich wurde weder geboren, noch kann ich krank
oder alt werden, noch sterben,
denn ICH BIN.

Ich war immer und werde immer sein.
Als dieses ewige Sein segne ich jetzt meine Mahlzeit.
Ich danke in Liebe der Erde, der Sonne,
dem Regen und dem Wind,
die diese Nahrungsmittel wachsen ließen.
Ich danke herzlich allen Menschen, die durch ihre Arbeit
daran beteiligt waren,
diese lebendigen Lebensmittel auf meinen Tisch
zu bringen.
Ich danke für die Frische und Vitalität meiner Nahrung.
Ich danke von Herzen für die göttliche Fülle.
Ich bin ewiges Bewusstsein.
ICH BIN.

Nahrung ist für Sie ab sofort kein wertloses Zeugs mehr. Sie entwickeln eine lebendige Beziehung zu Ihren Lebens-Mitteln. Und das braucht keine Regeln. Schon nach kurzer Zeit werden Sie spüren und wissen, was Ihrem Körper guttut und was nicht. Auf Nahrung, die Ihrem Körper schadet, werden Sie bald keinen Appetit mehr haben. Automatisch stellen Sie auf eine frische und lebendige Ernährung um. Das geschieht ganz natürlich und leicht und entbehrt jeglichen Zwangs. Mit der Zeit werden Sie sogar spüren, ob z. B. ein Salatkopf noch voller Lebenskraft ist oder aufgrund von Überdüngung, Bestrahlungen oder langer Anfahrtswege nur noch totes Kraut. In allem, auch im Gemüse, achten und schätzen Sie das Lebendige, das uns Menschen mit dem Ganzen verbindet. Ob wir es

Chi nennen wie in China oder den in Indien verbreiteten Begriff Prana vorziehen, spielt keine Rolle. Gemeint ist immer dasselbe: die universelle Lichtkraft, die alles Leben erhält. Lebensmittel sind lebendige Boten. Sie geben nicht nur materielle Inhaltsstoffe wie Eiweiße, Kohlehydrate und Fette an den menschlichen Organismus ab, sondern tragen auch bedeutende energetische Informationen in sich. Je frischer und lebendiger ein Nahrungsmittel ist, desto wertvoller ist auch die energetische Information, die es dem Menschen übermittelt.

In der Geschichte der Menschheit gab es von Zeit zu Zeit immer mal wieder Menschen, die ihre Nahrung ausschließlich aus diesen Energiefeldern bezogen. Sie wurden oft verehrt, denn es hieß, der Heilige Geist würde sie ernähren. Der Heilige Geist ist der christliche Ausdruck für die ewigen Energieströme, die sich aus der Quelle der Unendlichkeit in jeder Existenz verströmen und alles Leben erhalten. Die Qualität eines Lebensmittels hängt von der Stärke dieser Energieströme ab. Heutzutage ist es übrigens schon möglich, diese Energiefelder biophysikalisch als sogenannte Biophotonen nachzuweisen (wie sich überhaupt immer mehr dessen, was lange der übersinnlichen Wahrnehmung vorbehalten war, wissenschaftlich als ganz natürlich verifizieren lässt).

Und wie ist es mit dem Verzehr von Fleisch und Fisch?, fragen Sie sich vielleicht. Auch hierzu gibt es keine allgemeingültigen Regeln. Finden Sie Ihre eigenen Antworten. Aber trennen Sie sich von dem Gedanken, dass Sie ein seelenloses Objekt auf dem Teller haben, wenn Sie Fleisch essen. Fühlen Sie sich in das Tier ein, das kürzlich noch lebendig war. Wurde es artgerecht gehalten oder in Massentierhaltung? Bekam es vitale Lebensmittel zu fressen oder künstliches Kraftfutter? Wurde es mit Antibiotika, Wachstumshormonen oder anderen chemischen Stoffe gefüttert? Hat es Liebe erfahren oder nur Angst, Schrecken und Qual? Wurde es so getötet, dass im Prozess des Sterbens Stresshormone freigesetzt wurden, die Sie mitessen? Wurde das Tier als Lebewesen mit eigenen Gefühlen geachtet oder als reiner Wirtschaftsfaktor behandelt?

Aus einer kürzlich veröffentlichten Studie geht hervor, dass Kühe, zu denen der Bauer eine persönliche Beziehung aufgebaut hatte und die er mit Namen ansprach, gesünder waren und schneller wuchsen als ihre Artgenossen aus Massenhaltung.

Indifferente Achtlosigkeit gibt es allerdings auch in der »fleischlosen Variante«. So bezeichnen sich etwa manche Menschen als Vegetarier; Fleisch, Wurst und mitunter auch Fisch sind von ihrem Speiseplan verbannt, ansonsten aber bleibt alles wie gehabt (industriell hergestellte bzw. verarbeitete Nahrungsmittel inklusive). Mit liebender Achtsamkeit hat ein solcher Lebensstil ebenfalls wenig zu tun, im Gegenteil: Häufig leiden diese Menschen an Mangelerscheinungen, was die wichtigsten Aufbaustoffe wie Eiweiß, Mineralien und Spurenelemente angeht. Kein Wunder: Wird die Lebendigkeit der Lebensmittels vernachlässigt, reagiert der menschliche Organismus auf die daraus

»Alles Tote wird lebendig,
wenn du mit den wahren Augen schaust.«

entstehenden Defizite. Und die können die individuelle Lebensqualität erheblich einschränken.

Als mitfühlendes und liebendes Wesen, das sich seiner ewigen, ungetrennten Existenz bewusst ist, werden Sie in jedem Fall den für Sie richtigen Umgang mit diesem Thema finden.

Was den achtvollen Umgang mit natürlichen Lebensmitteln betrifft, hatte ich vor einigen Jahren einmal ein schönes Erlebnis. Während eines Urlaubs auf dem Lande war ich in einer kleinen gemütlichen Pension untergebracht, die von einer alten Dame geführt wurde. Sie war bestimmt Ende siebzig. Trotzdem blitzte ihr eine Lebendigkeit aus den Augen, um die sie viele Jüngere beneidet hätten.

Nach dem Frühstück brachte ich immer mein Tablett in die Küche und plauderte ein wenig mit der Wirtin. Einmal wusch sie gerade den Salat fürs Mittagessen. Sie nickte mir freundlich zu und sagte dann mit einem Seufzer: »Schauen Sie sich mal diesen Salatkopf an. So eine Verschwendung! Ich habe ihn gestern erst gekauft und heute ist bereits die Hälfte der Blätter welk. Was für ein Jammer.« Sie hielt mir eines der Salatblätter unter die Nase. »In diesem Grünzeug ist keine Spur von Leben mehr. Ich frage mich nur: Wie soll es uns dann lebendig halten?«

Diesen Satz habe ich bis heute nicht vergessen. Obwohl die alte Frau bestimmt noch nie etwas von Biophotonen, Chi oder Prana gehört hatte, traf sie den Nagel voll auf den Kopf.

Anschließend sagte sie noch, sie freue sich schon, dass der Salat, den sie im eigenen Garten zog, bald geerntet werden könne. »Der ist frisch, sage ich Ihnen!« Und sie fügte hinzu: »In dem Gemüse, das bei mir da draußen wächst, ist alles drin, was der Mensch braucht, um gesund zu bleiben.«

Dann vertraute sie mir noch an, dass sie mit den Pflanzen in ihrem Garten auch spreche. »Die verstehen mich und wissen genau, dass ich es gut mit ihnen meine«, sagte sie. Die alte Dame war eine wahrhafte und authentische Lehrmeisterin, die durch Liebe und Dankbarkeit ein absolut achtsames Leben vorlebte. Sie hatte sicher nie etwas darüber gelesen, dennoch lebte sie es in natürlicher Weise und mit größter Freude.

Die Kommunikation von Menschen mit Pflanzen wurde vor gar nicht langer Zeit noch für Humbug erklärt. Mittlerweile ist aber nachgewiesen, dass Bäume und andere Pflanzen nicht nur untereinander kommunizieren, sondern auch auf fremde Energiefelder wie die des Menschen reagieren. Wird z. B. eine Fichte von Borkenkäfern befallen, sendet sie Duft- oder Botenstoffe aus, die die umgebenden Bäume veranlassen, Abwehrstoffe zu bilden, um die Feinde abzuwehren. Ein bewundernswürdiges natürliches Alarm- und Warnsystem!

Interessant sind auch Versuchsanordnungen, bei denen Menschen mit Pflanzen kommunizierten. Anhand elektromagnetischer Messungen ließ sich dabei z. B. nachweisen, dass die bloße Absicht des Menschen, der Pflanze eine Verletzung zuzufügen, genügte, um deren Spannung zu erhöhen. Die Pflanze reagierte also auf das energetische Gedankenfeld der Versuchsperson und konnte Wohlwollen und Zerstörungswillen klar unterscheiden. Auch musikalische Experimente führten zu spannenden Ergebnissen. Für ein »Pflanzenkonzert« wurden die Blätter eines Baumes mit elektrischen Messgeräten verbunden. So konnten die Impulse der Pflanze erfasst und vom Computer in verschiedene Tonfolgen umgesetzt werden, die mithilfe eines Verstärkers für das menschliche Ohr hörbar gemacht wurden. Dabei fiel auf, dass ein und dieselbe Pflanze auf manche Menschen reagierte, bei anderen aber »stumm« blieb. Verblüffend war, dass im Rahmen dieser Versuche ein Busch Teile einer Tonfolge wiedergab, die Kinder ihm vorgesungen hatten. Als besonders »musikalisch« erwies sich übrigens die Buche: Man brauchte nur die Buckeckern etwas zusammenzudrücken, und schon konnte man auf ihr spielen wie auf einem Musikinstrument. Ein anderer Baum, der von zwei Frauen liebevoll umfasst wurde, jubilierte plötzlich in brillantesten Tonfolgen.

Die erstaunlichen Ergebnisse dieser Versuche sollten uns die Verantwortung ins Gedächtnis zurückrufen, die wir auch den nicht-menschlichen Bewohnern unseres Planeten gegenüber haben. Sie fordern uns zu bewussterem Umgang auf und zeigen uns in aller Deutlichkeit, dass allem Lebendigen eine große Intelligenz innewohnt. Wir können diese Genialität nicht mit bloßem Auge erfassen, und doch ist sie zweifelsfrei vorhanden.

Kommen wir jetzt noch einmal zu unserer Ernährung zurück: Achtsamer Umgang mit natürlich gewachsenen Lebensmitteln und segnende Gedanken der Dankbarkeit und Liebe wirken sich nicht nur auf sie positiv aus, sondern auch auf uns Menschen. Wenn wir die Wahl dessen, was und wie viel wir zu uns nehmen, unserer inneren Weisheit überlassen, werden wir immer genau das essen und trinken, was uns gesund und vital hält. Im Bewusstsein des ICH BIN verschwinden selbst Gewichtsprobleme im Nu – nicht zuletzt, weil wir auf diese Weise wieder lernen, auf unseren Körper zu hören und genau wahrzunehmen, wann wir satt sind.

Wie immer liegt es Tag für Tag ausschließlich an uns selbst, ob wir uns für die gesegnete Achtsamkeit entscheiden oder nicht. Ab sofort entfallen Ausflüchte und Entschuldigungen. Mit größter Freude und Dankbarkeit übernehmen wir die Verantwortung für die Vitalität nicht nur unseres physischen, sondern auch der anderen sechs unserer Körper.

Segnen und achten Sie Ihre emotionale und geistige Nahrung nicht weniger als die physische. Auch diesbezüglich verändert die Achtsamkeit die Bedürfnisse. Im Laufe der Zeit werden Sie sich andere Filme und Dokumentationen aussuchen und sich dabei vor allem davon leiten lassen, dass sie Sie nicht emotional belasten. Sie werden auch andere Zeitungen und Bücher lesen, und zwar nur noch welche, die Ihrem Geist Klarheit und Ruhe schenken. Dabei verbessert sich allmählich auch die Qualität Ihres Wissens – obwohl Sie dessen *Quantität* anfänglich noch für ausschlaggebend halten. Doch eines Tages droht das Füllhorn Ihres Wissens schier überzuquellen, und dann wird Ihr Bedürfnis, immer mehr anzusammeln, nachlassen. Das ist der bemerkenswerte Zeitpunkt, an dem Sie beginnen, dieses Füllhorn auch wieder auszuschütten. Sie erkennen die Bedingtheit der Zahlen, Daten, Fakten, die Sie sich im Laufe der Zeit »angeschafft« haben, so dass sie mehr und mehr an Bedeutung verlieren. Ihr Wissen wird zunehmend weniger greifbar, löst sich schließlich in der Nicht-Identifikation auf. Und in der Leere, die sich daraus entwickelt, steigt die universelle, zeitlose Weisheit empor. Da ist nichts mehr, was Nährboden für emotionale oder geistige Begrenzungen sein könnte. Sie leben aus den bedürfnislosen Feldern der universellen Existenz heraus.

Die achtsame Wahrnehmung Ihrer Körper und die bewusste Wahl Ihrer Lebensmittel sind die wichtigsten Voraussetzungen für Gesundheit und Vitalität. Betrachten Sie nichts isoliert. Alles ist Teil Ihrer individuellen Erfahrung. Und in der Verbundenheit mit allen und allem stellt sich tiefer innerer Friede ein. Sie hören auf zu kämpfen. Sie kämpfen nicht länger um eine schmale Taille oder einen Waschbrettbauch, ebenso wenig wie um mehr geistiges Wissen, um Anerkennung und Liebe. In Ihrem ungetrennten Sein lieben Sie alles an sich und um Sie herum. So werden Sie zu einem wertvollen Botschafter des Einen, des Schöpfers. Zur praktischen Umsetzung der achtsamen und gesunden Lebensweise begeben wir uns jetzt wieder in die unmittelbare Erfahrung.

Praxis der Achtsamkeit:
Meditation über die sieben Körperebenen

Um eventuellen Unklarheiten vorzubeugen, vorab eine kurze Erläuterung: In der Meditation sprechen wir die Gesundheit der verschiedenen Körper an. Sollten Sie an einer Krankheit leiden, verlassen Sie diese Illusion bitte und bejahen die Wirklichkeit: Die Wirklichkeit ist beste Gesundheit und reinste Glückseligkeit, das Erbe des Schöpfers, das Sie als sein Sohn oder seine Tochter nicht erst antreten werden, sondern längst angetreten haben.

Wenn es Ihnen gelingt, diesen Gesichtspunkt wirklich zu verinnerlichen, ist Heilung bereits geschehen. Sie benötigen dann nur noch ein wenig Geduld, bis die Gesundheit auch auf der körperlichen Ebene in Erscheinung tritt.

Verbleiben Sie während der Meditation so lange auf den einzelnen Körperebenen, wie es Ihnen guttut. Und nehmen Sie sich die Zeit, die Sie brauchen, um die Gesundheit und Harmonie der einzelnen Ebenen wahrnehmen zu können.

Lassen Sie sich nun in tiefem Vertrauen auf die Meditation ein. Machen Sie es sich ganz bequem und öffnen Sie sich in aller Ruhe, ohne Erwartung und Absicht, ihren heilenden Energieströmen.

Ich atme Ruhe ein und allen Ärger aus.
(3 x wiederholen)

Ich atme Frieden ein und alle Unruhe aus.
(3 x wiederholen)

Ich atme Liebe ein und Liebe aus.
(3 x wiederholen)

Ich atme Liebe ein und halte den Atem kurz an.
Beim Ausatmen verströmt sich die Liebe in meinem
ganzen Körper.
(3 x wiederholen)

Bewusst nehme ich meinen physischen Körper wahr.
Die Atemluft erfüllt meinen gesamten physischen
Körper.
Ich spüre die einzelnen Organe, die Blut- und Lymph-
gefäße, das Bindegewebe, einfach alles, was meinen
physischen Körper ausmacht.
Ich achte und ehre meinen physischen Körper.
Ich danke meinem physischen Körper für seine
Gesundheit.
Ich bin jetzt gesund, denn das ist mein Geburtsrecht
als Kind Gottes.
Ich bin ein Schöpfer.
ICH BIN.

Mit dem nächsten Atemzug gehe ich bis an die äußeren
Begrenzungen meines physischen Körpers.

*Ich spüre die Schwelle und dehne mich mit dem
nächsten Atemzug darüber hinaus aus in meinen
zweiten Körper, den ätherischen Körper.
Das geht ganz leicht. Die Absicht reicht, und ich bin
im ätherischen Körper.*

*Bewusst nehme ich meinen ätherischen Körper wahr.
Jeder Atemzug lässt mich den ätherischen Körper
noch intensiver spüren.
Ich spüre meinen Gemütszustand und alles,
was den ätherischen Körper ausmacht.
Ich achte und ehre meinen ätherischen Körper.
Ich danke meinem ätherischen Körper für seine
Gesundheit.
Ich bin jetzt gesund, denn das ist mein Geburtsrecht
als Kind Gottes.
Ich bin ein Schöpfer.
ICH BIN.*

*Mit dem nächsten Atemzug dehne ich mich über den
ätherischen Körper hinaus aus und bin in meinem
dritten Körper, im astralen Körper.*

*Bewusst nehme ich meinen astralen Körper wahr.
Jeder Atemzug lässt mich meinen astralen Körper
noch intensiver spüren.
Ich spüre meine Sehnsüchte, meine Begierden und alles,
was den astralen Körper ausmacht.
Ich achte und ehre meinen astralen Körper.
Ich danke meinem astralen Körper für seine Gesundheit.*

Ich bin jetzt gesund, denn das ist mein Geburtsrecht
als Kind Gottes.
Ich bin ein Schöpfer.
ICH BIN.

Mit dem nächsten Atemzug dehne ich mich über den
astralen Körper hinaus aus und erreiche meinen vierten
Körper, den Mentalkörper.

Bewusst nehme ich meinen Mentalkörper wahr.
Jeder Atemzug lässt mich meinen Mentalkörper noch
intensiver spüren.
Ich spüre meine Gedanken, meine Glaubenssätze und alles,
was den Mentalkörper ausmacht.
Ich achte und ehre meinen Mentalkörper.
Ich danke meinem Mentalkörper für seine Gesundheit.
Ich bin jetzt gesund, denn das ist mein Geburtsrecht
als Kind Gottes.
Ich bin ein Schöpfer.
ICH BIN.

Mit dem nächsten Atemzug dehne ich mich über den
Mentalkörper hinaus aus und bin in meinem fünften
Körper, im spirituellen Körper.

Bewusst nehme ich meinen spirituellen Körper wahr.
Jeder Atemzug lässt mich den spirituellen Körper noch
intensiver spüren.
Ich öffne mich der reinen Selbst-Erkenntnis.
Ich erkenne das physische Ego.

Ich erkenne das emotionale Ego.
Ich erkenne das mentale Ego.
Ich erkenne das spirituelle Ego.
Soweit es mir möglich ist, löse ich alle entsprechenden
Identifikationen auf.
Ich bin ein Kind Gottes.
Ich bin ein Schöpfer.
ICH BIN.

Wenn ich alles loslasse und niemand mehr bin, komme
ich in meinen sechsten Körper, den kosmischen Körper.

Ich bin kosmische Nicht-Individualität.
Ich bin kosmisches Ungeteilt-Sein.
Ich bin der ungetrennte Teil der Einen Existenz.
ICH BIN.

Sobald sich der sechste Körper vollendet hat, bin ich mein
siebter Körper, der Nirwana-Körper.
Ich bin kein Etwas und kein Jemand mehr.
Ich bin auch kein Körper.
Ich bin zurückgekehrt zur Quelle, zum Ursprung selbst.
ICH BIN.

Die Wahrnehmung der sieben Körper ist zugleich der Entwicklungsweg aller Menschen. Sie ahnen nun, was auf Sie wartet. Es wartet in jedem Fall – ob Sie diesen Schritt während vieler Inkarnationen tun oder gleich jetzt, in diesem Augenblick. Es ist Ihre Entschei-

dung. Wenn Sie glauben, der Weg, der vor Ihnen liegt, sei lang, kann ich Ihnen nicht widersprechen. In jedem einzelnen Augenblick aber haben Sie die Chance, sich zu erinnern. Und dann sind Sie auch schon angekommen.

Eine kleine Geschichte:
Mein Körper und ICH

Mein Körper ist fest, flüssig und gasförmig.
Mein Körper empfindet Kälte und Wärme.
Mein Körper spürt Emotionen.
Mein Körper denkt Gedanken.

Mein Körper braucht Nahrung, Geborgenheit und Liebe.
Mein Körper hat einen Namen.
Mein Körper ist begrenzt.
Mein Körper wird geboren und wird sterben.

ICH BIN NICHT DER KÖRPER.

WER BIN ICH, WENN ICH ALL DAS NICHT BIN?

ICH BIN jenseits aller Aggregatszustände.
ICH BIN die Einheit hinter jeder Dualität.
ICH BIN bedingungslose Liebe.
ICH BIN universeller Geist.

ICH BIN bedürfnislos.
ICH BIN namenlos.
ICH BIN grenzenlos.
ICH BIN jenseits der Ströme der Zeit.

ICH BIN

Eine alte Weisheit besagt: Wenn du die Welt verändern willst, verändere dich selbst. Genau das haben wir bisher im achtsamen Umgang mit dem Leben getan. Wir schulten unser Bewusstsein und unsere Wahrnehmung, um das Jetzt zu erfahren. Mit den Ebenen der Zeit, den Werkzeugen der Wahrnehmung und der vollbewussten Achtsamkeit versuchten wir, unsere augenblickliche Präsenz zu durchdringen und zu meistern. Auch die Hinweise auf mögliche Hindernisse ebneten den Weg zu einem Leben in der Gegenwart. Wenn Sie mit Freude am Ball geblieben sind und die bisherigen Anregungen aufgegriffen und integriert haben, ist bereits eine bemerkbare Veränderung in Ihrer Lebenspraxis eingetreten. Sicher nehmen Sie einiges bewusster wahr als vorher, sind mehr in Ihrer Mitte und lassen sich nicht mehr so leicht aus der Ruhe bringen. Es gelingt immer besser, der von den äußeren Dingen unberührte Beobachter des Lebens zu sein. Im Alltag erkundeten wir den achtsamen Umgang mit dem Körper und mit unserer Nahrung. Jetzt wenden wir uns vom Ich zum Du und Wir, zum sozialen Miteinander. Inwieweit verändert sich eine Partnerschaft, wenn wir achtsam miteinander umgehen? Lernen wir anders zu kommunizieren und gelingt es uns, die Andersartigkeit unseres Partners von Herzen zu achten? Das alles erfahren Sie im nächsten Kapitel, in dem das zentrale Thema Partnerschaft und Kommunikation in den Fokus der Achtsamkeit rückt.

SIEBTES KAPITEL

ACHTSAMKEIT IM SOZIALEN MITEINANDER

Wenn wir uns in der Gesellschaft bewegen – und das tun wir ja alle ständig –, bedürfen wir der Achtsamkeit ganz besonders. Die Mehrheit der Bevölkerung wünscht sich, dass die Nationen friedvoll miteinander umgehen. Die Realität ist jedoch oft eine andere. Was für einen Grund kann es dafür geben? Wird sich der Wunsch nach Frieden vielleicht nicht erfüllen? Die Antwort besteht aus weiteren Fragen: Leben wir diesen Frieden im Kleinen, in den eigenen Beziehungen? Sind wir in Frieden mit uns selbst, oder machen wir uns ständig nieder? Behandeln wir unsere Partner und Kinder auf achtsame und friedvolle Weise? Liebevolles Miteinander beginnt bei den kleinsten Einheiten. Erst dann rücken kollektive Veränderungen in greifbare Nähe.

Bevor wir also anfangen, über die Mächtigen der Welt zu schimpfen, lassen Sie uns lieber die Ärmel hochkrempeln und beschwingt vor der eigenen Haustür kehren. Meistern wir jetzt mit Achtsamkeit unsere Beziehungen zu uns selbst und damit auch die zu unseren Partnern und anderen Mitmenschen.

153

Achtsamkeit und Partnerschaft

Die Partnerschaft scheint die schwierigste Lernaufgabe zu sein, die wir Menschen uns gesucht haben. Fast jeder von uns hat es schon einmal probiert – mit mehr oder weniger »Erfolg«. Wir tun uns zusammen, sprechen von Liebe, binden uns aneinander und fragen uns irgendwann, was das alles wohl noch mit Liebe zu tun hat. Es sieht ganz so aus, als würden wir einer Prüfung unterzogen; haben wir unsere Lektion dann gelernt, ziehen wir weiter: neuer Partner, neues Glück? Ist das Ziel verfehlt, tritt das Thema in anderen Verkleidungen erneut auf, bis wir uns Veränderungen und Wandlungen unterziehen – ob mit demselben Partner oder mit einem anderen.

Um Prüfungen zu bestehen, sind bekanntlich Einsicht, Weisheit und Bewusstsein erforderlich. Doch was wissen wir eigentlich über die Gesetzmäßigkeiten von Partnerbeziehungen? Meist nicht allzu viel. Denn wir lernen vor allem durch Nachahmung. Als Kinder beobachten wir die Beziehungen unserer Eltern und anderer Bezugspersonen und machen uns ihre Verhaltensmuster unbewusst zu eigen. So bildet sich ein oft defizitärer Wissenspool, aus dem wir als Heranwachsende bzw. Erwachsene schöpfen, wenn wir selbst anfangen, partnerschaftliche Beziehungen zu knüpfen.

In allen möglichen Lebensbereichen legen wir offizielle Prüfungen ab. Nur für Beziehungen existieren weder Ausbildungsprogramme noch Examina. Dabei gibt es durchaus einiges darüber zu wissen. Die Schlüssel für eine gut funktionierende Partnerschaft liegen natürlich wie immer in Bewusstsein, Achtsamkeit und Liebe. Es gibt jedoch auch konkretere Gesetze, denen jede lebendige Beziehung unterliegt:

- Man muss sich selbst lieben, bevor man einen anderen lieben kann.
- Verliebtsein ist nicht Liebe.
- Den Idealpartner gibt es nicht, und das ist auch gut so.
- Jede Partnerschaft bietet Entwicklungschancen.
- In der Liebe hat Besitzdenken nichts zu suchen.
- Mann und Frau sind verschieden, auch in der Kommunikation.
- Nur wo Respekt und Achtung herrschen, kann die Liebe gedeihen.

Man muss sich selbst lieben, bevor man einen anderen lieben kann

Klingt doch eigentlich ganz einfach, oder? Ich bin auch überzeugt, dass die meisten von Ihnen jetzt sagen würden: »Klar, ich komme mit mir doch ganz zurecht. Und meinen Partner liebe ich auch.« Dieses »Doch ganz gut ...« beinhaltet allerdings bereits einige Einschränkungen. Lieben Sie sich wirklich bedingungslos, zu jeder Zeit und in jeder Situation? Oder denken Sie nicht doch manchmal: »Mein Gott, wie konnte ich nur ...«? Oder: »Ich Idiot, das darf mir aber nicht noch mal passieren ...« Spüren Sie, wie Sie sich selbst herabsetzen, wenn Sie so etwas denken oder gar sagen? Wie sich Ihre energetische Signatur dadurch schwächt? Selbst Ironie verringert die Kraft, die Ihnen angeboren ist. Vorsicht also, wenn Sie sich selbst auf die Schippe nehmen!

Jedes Urteil, das wir fällen, schiebt sich zwischen uns und die klare Wahrnehmung. Es bindet uns an die Elementarkräfte der Welt und hält uns in der illusionären Wirklichkeit gefangen. Urteile sind Abfallprodukte der Vergangenheit. Sie basieren auf früheren Erfahrungen und verzerren das ewige Jetzt. Und so leicht und substanzlos urteilende Gedanken auch erscheinen mögen, wohnt ihnen doch die Kraft der Manifestation inne. Aus ihnen entstehen die Kriege zwischen Nationen und die Feindseligkeiten unter Liebespartnern, Nachbarn, Freunden und Verwandten.

Das Blatt kann sich jedoch im Handumdrehen wenden. Dafür brauchen wir uns nur in Bezug auf die Eigenliebe in der bewussten Wahrnehmung zu üben. Mit innerlich unberührter Achtsamkeit finden wir sofort einen Ausweg. Ziehen Sie Ihre Aufmerksamkeit von selbstzerstörerischen Gedanken ab und lenken Sie diese ganz bewusst auf Ihre schöpferische Kraft der Liebe. In der Wurzel Ihres Daseins sind Sie urteilslose, kosmische Liebe. Ein strahlendes Licht als Teil der Schöpfung. Immerwährend in der Unendlichkeit. Alles andere verliert sich in der universellen Wahrheit. Sobald es Ihnen gelingt, dieses Bewusstsein kontinuierlich aufrechtzuerhalten, steigt Ihr Energielevel wieder. Sie fühlen sich wohl, nehmen sich mit allen Ihren guten und weniger guten Eigenschaften an, und das Leben macht wieder Freude. Es ist ein einfaches, aber sehr wirksames Mittel, um eine bedingte Abhängigkeit und schwächende Bedürftigkeit in der Paarbeziehung zu verhindern.

Wenn Sie sich selbst nicht vorbehaltlos lieben, suchen Sie in Ihrer gefühlten Mangelhaftigkeit eine passende Ergänzung im Außen. Einen Partner, der Ihnen genau die Eigenschaften spiegelt, die Sie selbst in sich nicht integrieren können oder ablehnen. Haben Sie ihn gefunden, fühlen Sie sich ganz, rund und vollkommen. Von Ihrem Partner erwarten Sie die Liebe, die Sie sich selbst nicht geben können. Eine Liebe, von der Sie meist sehr genaue Vorstellungen haben. Als Mann erwarten Sie vielleicht, dass Sie umsorgt werden wie bei Muttern. Als Frau erwarten Sie möglicherweise Geborgenheit und Wärme. Ihr Partner soll Ihnen alle emotionalen Bedürfnisse, die Sie haben, erfüllen. Weichen diese Vorstellungen und Erwartungen von denen des Partners ab, kommt es über kurz oder lang zu Spannungen und Streitigkeiten. Die Partnerschaft degradiert sich selbst zur Bedürfniserfüllungsanstalt und versieht das Ganze mit der Überschrift »Liebe«.

Wenn Sie sich dagegen selbst bedingungslos annehmen und lieben, blüht Ihnen ein Wunder. Dann brauchen Sie nichts im Außen und sind grundlos glücklich. Diese Unabhängigkeit beschert Ihnen die Freiheit, den Partner während des Zusammenseins erwartungslos zu beobachten. Sie fordern nichts von

ihm, rechnen mit nichts und machen sich kein illusio-
näres Bild von ihm. Ihre Selbstliebe erzeugt eine Weite,
die ihm den Freiraum gibt, so zu sein, wie er ist. Er
braucht keine Rolle zu spielen, sondern hat die Möglichkeit, ganz authentisch zu sein. Sie nehmen Ihren
Partner genau so wahr, wie er ist, jetzt, in diesem Augenblick. Und das heißt auch, dass er sich in jedem
einzelnen Moment verhalten kann, wie er mag. Sein
Handeln muss keinem Muster folgen.

Zwei kleine Beispiele: Als Mann rufen Sie nachmit-
tags nicht zu Hause an, um Ihre Frau daran zu erinnern, den Wein kalt zu stellen, nur weil sie es beim
letzten Mal, als Besuch kam, vergessen hatte. Nein,
das ist Vergangenheit. Sie denken nicht mal mehr daran. Jetzt ist jetzt. Und heute ist es möglich, dass Ihre
Frau komplett anders reagiert. Sie erwarten nichts, lassen einfach vertrauensvoll geschehen. Alles, was sich
zeigt, ist gut. Und wenn der Wein lauwarm serviert
wird, wird er eben lauwarm serviert.

Als Frau tasten Sie sich nicht etwa vorsichtig an
Ihren Mann heran, nur weil Sie aufgrund früherer
Erfahrungen mit ihm fürchten, dass er nicht positiv
auf ein Anliegen von Ihnen reagieren könnte. Viel-
mehr sind Sie ganz in Ihrer Kraft. Und wenn Sie einen
Wunsch haben, sprechen Sie Ihren Mann offen und
selbstbewusst darauf an. Freut er sich über Ihre Initia-
tive, ist es gut, ärgert er sich, ist es auch gut. Eventuellen Frust lassen Sie ganz bei ihm und erfüllen sich Ihren Wunsch eben selbst. Beim nächsten Mal werden
die Karten neu gemischt.

Sie sehen, wie entspannend eine Beziehung dadurch werden kann. Die vom Herzen kommende Selbstliebe (nicht aber die Egoliebe), ist ein kostbares Geschenk, mit dessen Hilfe Sie den Problemen und Streitigkeiten in Ihrer Partnerschaft den Boden entziehen können.

Verliebtsein ist nicht Liebe

Dass Verliebtsein und Liebe zwei unterschiedliche Paar Stiefel sind, weiß jeder, der schon einmal eine Beziehung eingegangen ist. Verwunderlich ist jedoch, dass viele Menschen partout an dem illusionären Bild festhalten wollen, das sie sich in der Phase des Kennenlernens vom anderen gemacht haben. Und nach einiger Zeit heißt es dann vorwurfsvoll: »Wie kannst du dich nur so verändert haben! Du bist ja gar nicht mehr der Mensch, in den ich mich verliebt habe. Ich erkenne dich überhaupt nicht wieder.« Der Anfang vom Ende.

Was hat sich da eigentlich abgespielt?

Sie sehen einen Menschen, erleben ihn als interessant, redegewandt, humorvoll, und schon ist es um Sie geschehen. Genau so haben Sie sich Ihren Traumpartner »vorgestellt«. Und hier liegt der Hund auch schon begraben. Am Anfang der Bekanntschaft steht eine Vorstellung, eine Illusion. Unbewusst stülpen Sie dem anderen alles, was Sie mit »interessant, redegewandt, humorvoll« verbinden, über. Und das verselbstständigt sich. Sie denken: »Dieser Mensch ist bestimmt genauso gerne unter Menschen wie ich. Er ist kein Kind von Traurigkeit, genau wie ich. Und so, wie er mit dem kleinen Jungen am Nachbartisch spricht ... sicher hat er Kinder auch so gern wie ich.« Nach einem solchen Exemplar von Mensch haben Sie ja schon so lange gesucht. Sie verabreden sich und sind bald ein Paar.

Dann beginnt die Desillusionierung. Gott sei Dank. Wenn Sie jetzt nicht an den Vorstellungen festhalten, die Sie sich gemacht haben, lassen Sie sich auf ein spannendes, inspirierendes Abenteuer ein. Allmählich lernen Sie Ihren Partner kennen, wie er wirklich ist. Sie erfahren vielleicht, dass er sich gern auf eine einsame Berghütte zurückzieht, die er selbst gebaut hat. Wie gehen Sie damit um? Sie wollten doch eigentlich einen Partner, der am liebsten unter Menschen ist. Zwei Wege stehen Ihnen jetzt offen:

Entweder Sie halten an Ihrer Vorstellung fest, werden traurig und nehmen übel. Ihr Partner ist so viel »ruhiger« geworden ... So haben Sie sich das nicht vorgestellt ...

Oder aber Sie lassen von Ihrem Bild ab und beobachten einfach, was geschieht. Sie nehmen wahr, öffnen sich den Möglichkeiten, bleiben offen für alles. Sie erleben, wie sich Ihr Partner über die Pflanzen und Tiere der Bergwelt freuen kann, und beobachten weiter, ohne zu bewerten. »Aha, so kann das Leben also auch gestaltet werden, interessant«, denken Sie vielleicht. »Wie fühlt sich das für mich an?« In dieser aufgeschlossenen, freien Haltung entdecken Sie eine neue Welt und erweitern Ihr Bewusstsein. Auf dieselbe Art und Weise nehmen Sie auch Ihre eigenen Be-

160

dürfnisse wahr und befriedigen sie. Dafür brauchen Sie aber niemand anders. Beim Gedankenaustausch mit Ihrem Partner oder wenn sie gemeinsam etwas unternehmen, inspirieren Sie sich und Sie danken ihm dafür, dass er Ihr Leben bereichert. Andererseits schmälert es die Liebe auch nicht, wenn jeder für sich etwas tut. Sie freuen sich mit, wenn der geliebte Mensch schöne Erfahrungen macht – auch wenn es nicht Ihre eigenen sind.

Sobald sich die Schmetterlinge im Bauch zur Ruhe gelegt haben, sind Sie der Wirklichkeit näher gekommen. So ist eine Liebe, die keine Bedingungen stellt und beiden Partnern genügend Raum zur Entfaltung

»Illusionen begrenzen,
die Wirklichkeit befreit.«

lässt. Das Potenzial, das sich nun zeigen kann, ist um vieles bereichernder als alle Bilder und Vorstellungen, die Sie sich zuvor gemacht haben. Illusionen begrenzen, die Wirklichkeit befreit. Genießen Sie das Verliebtsein und freuen Sie sich auf die Liebe, die daraus erwachsen kann.

Den Idealpartner gibt es nicht, und das ist auch gut so

Wunderbar. Wie gut, dass es keinen Idealpartner gibt. Denn wenn wir den rundum vollkommenen Idealpartner an unserer Seite hätten, gäbe es nichts mehr zu lernen. Hier wirkt das Gesetz der Resonanz: Einander entsprechende energetische Signaturen ziehen sich an. Wenn Sie bereits bedingungslos lieben, werden Sie auch einen Partner finden, der bedingungslos liebt. Umgekehrt gilt dasselbe: Haben Sie einen Partner, der nicht ohne Bedingungen liebt, wissen Sie auch, wie es um Sie bestellt ist. Der Mensch an Ihrer Seite schenkt Ihnen die Möglichkeit der Bewusstwerdung. Zum Beispiel zeigt er Ihnen diese Bedingtheit als Spiegel Ihres eigenen Verhaltens. Wenn Sie die Chance nutzen, erkennen Sie Ihre eigene Bedingtheit und haben die Wahl. Entscheiden Sie sich weiterhin für Unbewusstheit, lassen Sie kein gutes Haar an Ihrem Partner. »Du stellst immer Bedingungen!«, klagen Sie ihn an. Dabei haben Sie doch schon beim letzten Mal den »Falschen« erwischt. Warum nur, fragen Sie sich, habe ich immer Pech in der Liebe?

Herr über die kosmischen Kräfte der Existenz, mit schöpferischer Wirkung in der Unendlichkeit des Raumes. Reinste Glückseligkeit.

Meist ist die Dualseele nicht im irdischen Leben inkarniert, sondern existiert in einer höheren Seelenebene. Die harmonischen Partner-Erfahrungen im irdischen Leben teilen wir weniger mit Dualseelen als mit Seelenpartnern, Menschen aus der eigenen »Seelenfamilie«, die ähnliche Erfahrungen haben, ähnliche Vorlieben, Wünsche und Ziele. Wir fühlen uns tatsächlich »seelenverwandt«. Wir haben das Gefühl, den anderen schon ewig zu kennen, selbst wenn wir ihn in diesem Leben gerade erst begegnet sind. Die Seelenfamilie umfasst viele Menschen. Und deshalb ist es durchaus möglich, dass wir in einer neuen Beziehung genauso glücklich sind und in Harmonie leben wie in einer vorigen. Worauf es ankommt, ist, dass wir jegliche Begrenzungen aufgeben und aufhören, uns auf einen einzigen Menschen zu konzentrieren. Ob nun ein Dual-, ein Seelenpartner oder ein anderer: Seien Sie bereit, mit Ihrem Partner zusammen zu wachsen und zu reifen. Genießen Sie Ihre Beziehung in vollen Zügen und lieben Sie Ihren Partner von ganzem Herzen, doch lassen Sie jede Ausschließlichkeit los. Seien Sie für die daraus entstehende Leichtigkeit des Miteinander-Lebens bereit.

In der Liebe hat Besitzdenken nichts zu suchen

Wenn ich etwas besitze, verfüge ich darüber nach meinem Willen. Ich bestimme die Richtung und das Ziel und passe meinen Besitz meinen Wünschen und Vorstellungen an. Ich verändere, drehe und wende ihn, bis er zu mir und in mein Leben passt.

Kein Mensch ist mit einem Objekt vergleichbar und dennoch lässt sich genau dieser Prozess der Anpassung oft auch in Partnerschaften beobachten. In der Phase der Verliebtheit ist jeder noch frei und ungebunden. Ganz behutsam erforschen wir den anderen und lernen ihn auf diese Weise kennen. Doch sobald die rosaroten Zeiten vorbei sind, wird der Partner in Besitz genommen. Wo vorher Freiheit herrschte, schleicht sich jetzt Machtgebaren ein. Wir beginnen den Partner zu verändern, ihn unseren Vorstellungen anzupassen. Der andere soll einem ganz gehören und deshalb beruhen diese Besitzansprüche meist auf Gegenseitigkeit. Die Achtung vor den individuellen Eigenheiten des anderen gehen langsam ebenso verloren wie Verständnis und Mitgefühl. Dann spielt es auch keine Rolle mehr, ob der Partner seine Freiheit braucht oder sogar für sie kämpft. Die illusionäre Einschätzung seiner Person hat sich verfestigt und ist nur schwer abzulegen. Da Freiheit jedoch zu den Grundbedürfnissen des Menschen gehört, sind sinnlose Machtkämpfe vorprogrammiert.

Die Lösung liegt im Nicht-mehr-besitzen-Wollen und kann nur aus wahrer Liebe erwachsen, nicht durch Denken oder Sprechen über die Liebe (mit Worten verstehen wir die Liebe meisterhaft), sondern durch die praktizierte, reine Herzensliebe. Die Liebe des Herzens lässt alles los, will nicht besitzen und auch nicht verändern. Sie achtet die Besonderheit des anderen ebenso hoch wie die eigene. Sie gibt sich selbst und verliert nichts. Die Liebe vermehrt sich in der Liebe. Einer solchen bedingungslosen Liebe sind keineswegs nur Heilige fähig. Bedingungslose Liebe ist in jedem Herzen verankert und erinnert uns alle an unseren universellen Ursprung. Jeden Morgen liegt es an Ihnen selbst, ob Sie sich für diese Liebe entscheiden wollen. Tun Sie es, dann erwächst auch in der Partnerschaft die Freiheit, die das Geburtsrecht eines jeden ist. Ihr Partner ist nun aus vollkommen freien Stücken in dieser Beziehung, ebenso wie Sie selbst. Sie *müssen* keine Bedürfnisse mehr erfüllen, sondern tun dies ohne Erwartung einer Gegenleistung freiwillig – aus bedingungsloser Liebe. Der Wert, der daraus erwächst, ist unermesslich. Entdecken Sie es selbst.

Mann und Frau sind verschieden – auch in der Kommunikation

Wie oft reden wir in der Partnerschaft aneinander vorbei und glauben, wir würden uns verstehen. Und was dann am Ende übrig bleibt, ist oft ein vorwurfsvolles: »Aber, Schatz, das habe ich dir doch ganz deutlich gesagt! Du hörst mir nie zu!«.

Ob es uns gefällt oder nicht, es gibt ihn, den geschlechtsspezifischen Umgang mit der Sprache.

Ist eine Frau zum Beispiel mit einem Problem konfrontiert, hat sie das Bedürfnis, sich auszusprechen. Die Suche nach konkreten Lösungen ist ihr dabei weniger wichtig. Einem Mann dagegen ist das völlig unverständlich. Er zieht sich lieber zurück und sucht gezielt nach Lösungen.

Diese beiden Strategien lassen sich kaum unter einen Hut bringen. Aber es ist ja glücklicherweise auch gar nicht nötig. Hier ein Tipp für Männer: Falls Ihre Frau vor Ihnen steht und ihr Redeschwall scheinbar kein Ende finden will, bleiben Sie einfach ganz ruhig. Hören Sie nicht nur mit halbem Ohr zu, während Sie gleichzeitig fieberhaft nach Lösungen suchen. Seien Sie mit Ihrer Aufmerksamkeit ganz bei Ihrer Frau.

Und falls umgekehrt Ihr Mann Sie unterbricht, während Sie von Ihrem Problem erzählen, und Ihnen voller Stolz einen Lösungsvorschlag unterbreitet, lassen Sie ihm die Freude. Oder Sie erklären ihm vorab, dass Sie ihm bloß Ihr Herz ausschütten, aber keine Lösung von ihm wollen.

Männer haben in aller Regel ihre Logik und ihren Verstand als treue Gefährten zur Seite und greifen im Alltag spontan darauf zurück. Frauen dagegen beherrschen meisterhaft die komplexe Welt der Gefühle. Natürlich kennen auch Männer Gefühle und verfügen Frauen über einen logischen Verstand, doch ist die Gewichtung zumeist unterschiedlich. Und in der Partnerschaft haben wir die großartige Chance, den jeweils anderen Aspekt besser kennenzulernen und stärker zu integrieren, nach dem Motto: »Gegensätze ziehen sich an und bereichern das Leben.«

Nur wo Respekt und Achtung herrschen, kann die Liebe gedeihen

Der Verstand ist derjenige Aspekt des Menschen, dem in unserer Gesellschaft der größte Wert beigemessen wird. Wer seinen Verstand schult und den Intellekt trainiert, hat in der Arena des Lebens die Poleposition erreicht. Nun ist der Verstand in der Tat ein wertvolles Instrument, aber nur, wenn er sich auf seinen Aufgabenbereich beschränkt. In der Partnerschaft jedoch stellt er oft eine Hürde dar. Wir wollen den anderen unbedingt »verstehen lernen«, sein Denken und Fühlen also mit unseren eigenen intellektuellen Kapazitäten nachvollziehen. Wie wir bereits wissen, ist aber die Wahrnehmung stets durch den Schleier der subjektiven Erfahrungen getrübt und darüber hinaus geschlechtspezifisch unterschiedlich eingefärbt. An der Oberfläche scheinen die Erfahrungen verschiedener Menschen einander zu ähneln, und doch ist die Realität für jeden eine andere. Keinem Zweiten ist die exakt gleiche Wahrnehmung möglich. Wie also sollte dem Partner dieser Spagat gelingen?

Beziehungen werden häufig durch das *Denken* über die Verbindung und über die Liebe als solche determiniert und dadurch begrenzt. Der weite Raum, in dem sich zwei Menschen durch Aktion und Reaktion wie in einem Spiel begegnen, beobachten, wahrnehmen, annehmen, austauschen und gemeinsam ein Drittes, etwas Neues, erschaffen, bleibt auf den weniger flexiblen Apparat des Denkraumes reduziert.

Welche Möglichkeiten können sich nun erschließen, wenn ich mein Bestreben aufgebe, den Partner verstehen zu wollen, und mich für Achtung und bedingungslose Liebe entscheide? Achtung entsteht aus der Wahrnehmung des Augenblicks. Vergleiche ich mit Vergangenem, tappe ich unmittelbar in die Falle der Bewertung. Ich analysiere, vergleiche und ziehe eine Schlussfolgerung. Hier und jetzt jedoch bin ich völlig wertfrei. Ich bin reines Gewahrsein und entdecke, wie ein unschuldiges Kind, die »Widrigkeiten« und »Lieblichkeiten« meines Partners. Sie haben Raum, dürfen sich zeigen, sind Teil des Partners und das ist in Ordnung so. Diese Art der Wahrnehmung hat nichts mit Dummheit zu tun, nur weil der Verstand an zweiter Stelle steht. Sie zeigt sich als innere Weite, geboren aus der zeitlosen Weisheit und grenzenlosen Freude am Sein. Ein jeder ist verbunden mit seinen echten Gefühlen und wahrer uneigennütziger Liebe. In einem Zustand innerer Ungebundenheit geschieht gegenseitiges Loslassen in einem andauernden, harmonisch fließenden Prozess. Im Jetzt erlischt jedes Bild, jede Vorstellung davon, wie der Partner zu sein hat. Sie beobachten ohne kommentierende Gedanken. Aus dieser beobachtenden Zuwendung entsteht eine unermessliche Tiefe und Weite. Im entspannten Fluss der Aufmerksamkeit erkennen Sie das wahre Wesen Ihres Partners.

Allein die Befolgung dieser sieben Gesetzmäßigkeiten reicht aus, um aus einer schwierigen Beziehung eine konstruktive Partnerschaft zu machen. Natürlich bedarf es dazu klarer Absicht und des guten Willens, Beziehungsarbeit zu leisten; Arbeit nicht im herkömmlichen Sinne, dass große Anstrengungen notwendig wären. Eher im Sinne von Loslassen aller Hindernisse, Vorstellungen und Lösungen. Gleichzeitig tritt reines Gewahrsein hervor. Sie nehmen einfach wahr, fern jeglicher Anstrengung. Sie müssen gar nicht so viel

*»Eine verbindende Liebe wächst
in einem nicht bindenden Herz.«*

tun, wie es oft den Anschein hat. In reinem Gewahrsein erledigt der Fluss des Lebens einen großen Teil
selbst. Der Rest ist dann mit Leichtigkeit auszuführen.
Somit entwickelt sich eine Beziehung immer mehr
zu einem freudigen Miteinander. Aufs und Abs balan-
cieren sich aus und pendeln sich in harmonischem
Einklang ein. Bestehende Unterschiede werden nicht
mehr als befremdlich oder störend empfunden. Wie
bei den Farben des Regenbogens ist das Gesamtbild
mehr als die Summe der einzelnen Teile. Sie werden zu
wahren Partnern und begegnen sich in ungebunde-
ner und liebevoller Achtsamkeit.

Achtsamkeit und Kommunikation

Über Kommunikation in der Partnerschaft haben wir
schon gesprochen. Wenden wir uns jetzt der achtsamen Kommunikation im Allgemeinen zu. In achtsamer Wahrnehmung erkennen wir, dass die Kommunikation längst begonnen hat, bevor auch nur das erste
Wort gesprochen wird. Denn schon die Körpersprache
birgt viele wertvolle Informationen. Normalerweise
verstehen wir unter Körpersprache Mimik, Gestik und
die Haltung des physischen Körpers. Sie senden Botschaften aus, sodass wir bereits im ersten, wortlosen
Augenblick der Begegnung viel über unser Gegenüber
erfahren. Wer die Körpersprache versteht, lässt dann
meist seinen Verstand die Schlüsse ziehen. »Der trägt

aber viel Schweres auf seinen Schultern«, »die ist sehr traurig und gedrückt« und so weiter. Und ehe man sich's versieht, ist eine Schublade geöffnet. In der achtsamen Wahrnehmung gehen wir darüber hinaus. Ein Urteil ist vollkommen fehl am Platz, da es dem umfassenden Wesen eines Menschen Grenzen auferlegt. Achtsam und ohne kommentierende Gedanken werden wir grenzenlos. Reine Wahrnehmung geschieht: In erster Linie nehmen wir einen Menschen in seiner gesamten Erscheinung wahr. Erst in zweiter Linie erkennen wir seinen physischen Körper, eine energetische Signatur, jedoch ohne dass wir den Verstand eingreifen lassen. So öffnet sich ein weiter Raum, in dem sich das gesamte komplexe, nicht in Worten fassbare Wesen eines Menschen offenbaren kann. Ein Gewahrsein der Erscheinung dessen, was jeden Einzelnen in seiner Multidimensionalität ausmacht. Eine Synergie des »äußeren«, physischen Menschen und des »inneren« Fühlenden und Denkenden bis hin zum universellen ICH BIN.

Um die achtsame Lebensführung in der Kommunikation zu realisieren, sind bloß zwei Fragen zu beantworten: Welchem Mechanismus unterliegt die nonverbale Verständigung, und wie gelingt es, die Achtsamkeit sofort in die Praxis umzusetzen?

Stehen sich zwei Menschen gegenüber, findet unmittelbar eine energetische Interaktion statt, womit nicht die herkömmliche Körpersprache gemeint ist, sondern der Austausch unserer Energiekörper. Wir hatten bereits über die Energiekörper des Menschen gesprochen, die sich weit über den physischen Körper hinaus erstrecken. Jedes Individuum bildet aufgrund seiner Gedanken, Gefühle, Wünsche und Bedürfnisse ein ihm eigenes Frequenzmuster, das entweder harmonisch oder disharmonisch mit anderen interagiert. In den ersten Sekunden einer Begegnung liefert so das Körperbewusstsein blitzschnelle Ergebnisse und weiß ganz genau, ob es mit dem Gegenüber auf »gleicher Wellenlänge« liegt oder nicht. Im Alltag erleben Sie das ständig. Wenn Sie einem Unbekannten das erste Mal begegnen, haben Sie manchmal ein ungutes Gefühl, manchmal werden Sie jedoch auch geradezu euphorisch. Logisch lassen sich beide Empfindungen nicht erklären. Doch auf unbewusster Ebene steht das Ergebnis fest, ohne dass auch nur ein Wort gesprochen werden muss. Die Begegnung wird entweder unerfreulich oder sehr angenehm.

Wie können Sie nun aus *beiden* Bewertungen aussteigen und sich auf eine achtsame und erwartungslose Begegnung im jetzigen Augenblick einlassen? Auch die angenehme Begegnung, die Sie in Euphorie versetzt, ist eine Bewertung, die nicht bedingungslos und bindungslos stattfindet.

In achtsamem Gewahrsein erheben Sie sich über die zuerst wahrgenommene Dualität von »Gut« und »Böse«, indem Sie ganz bewusst mit den Werkzeugen des Herzens agieren. Angenommen, Sie begegnen einem alten Schulkameraden, den Sie ewig nicht gesehen haben. Früher verstanden Sie sich bestens, aber heute scheint es anders zu sein. Sie fühlen sich in seiner Gegenwart unwohl, führen aber an der Oberfläche ein freundliches Gespräch mit ihm. Als Schüler der Achtsamkeit nehmen Sie sofort Kontakt zu Ihrem Herzen auf. Das Herz ist das Symbol für Ihre eigene Vollkommenheit, Ihre Universalität und Liebe. Gleich der Sonne strahlt ein wärmendes und erlösendes Licht darin. Hier darf sich alles zeigen. Hier wird alles in Liebe angenommen, verwandelt und zu Neuem, Urteilslosem geformt. In Ihrem Herzen erinnern Sie sich sogleich an Ihr wahres Sein. »ICH BIN der ungeteilte Aspekt der ewigen Existenz. ICH BIN.« In dieser Unendlichkeit entsteigen Sie den gewöhnlichen Kommunikationsmustern. Sie sind reiner Beobachter der Umstände. Sie erkennen Ihre Verbundenheit und Ihr Einssein mit allem und wissen, dass alles Existierende bereits vollkommen ist, auch Sie selbst und Ihr früherer Schulkollege. Mitgefühl und urteilsfreie Liebe erfüllen Ihr Herz. In der »nicht bindenden Verbundenheit des Herzens« nehmen Sie die Gefühle und Bedürfnisse Ihres Gegenübers ebenso wahr wie Ihre eigenen. Sie sprechen aus, was Sie in Ihrem Inneren bewegt, kleiden Ihre Sprache nicht in Banalitäten oder Unwahrheiten und hören gleichwohl mit offenem Herzen aufmerksam zu. Eine spürbare Veränderung ist zwischen Ihnen beiden eingetreten. Ihre empathische Aufmerksamkeit hat einen harmonischen Raum erschaffen, in dem gegenseitiges Verständnis und Wohlwollen herrschen. Plötzlich lachen Sie miteinander; und wenn Sie sich verabschieden, gehen Sie mit einer schönen Erinnerung nach Hause. Sie haben Ihr

Herz geöffnet und ohne Bedingung und Erwartung wahrgenommen. Diese beiden Kriterien sind es, die aus einer x-beliebigen Kommunikation einen segensreichen Austausch machen.

Nun betrachten wir noch das gegenteilige Verhalten. Sie haben in der gleichen Begegnung anfangs ein Hochgefühl, das unmittelbar eine positive Veränderung bewirkt. Beide Gesprächspartner erzählen angeregt von ihrem Leben und schaukeln sich emotional immer höher. Sie fühlen sich motiviert, anerkannt und um einiges wertvoller als zuvor. Diese Art der Kommunikation kann sehr subtil an Bindungen oder Bedingungen geknüpft sein, sofern sie nicht im Herzen verankert ist. Unbewusst glaubt man, nicht vollständig zu sein, und hofft, der andere könne einem guttun und den eigenen Mangel ausgleichen. Auch das ist ein Urteil. Die Herzensweisheit wiederum ist eine andere: ICH BIN vollkommen, und Mangel ist eine Illusion. Es gibt nichts auf der Welt, das mich »er-gänzen« könnte, denn ich bin bereits »ganz« ICH BIN.

Aus dieser inneren Gewissheit entsteht der weite und freie Raum in der Begegnung, und Sie lassen sich wieder vollkommen erwartungsfrei auf die augenblickliche Situation und auf Ihren Gesprächspartner ein.

Mit dem Herzen sind wir fähig, alle Gegensätze zu vereinen und die Vollkommenheit zu erkennen. Aus einem Feind wird ein Gleichgesinnter, beide verwurzelt im lichtvollen Ursprung der Vollkommenheit. In der folgenden Achtsamkeitsübung wollen wir nun den Umgang mit der segensreichen Herzensweisheit vertiefen. Erinnern wir uns in jedem Augenblick an das ewige Selbst.

Praxis der Achtsamkeit: Die Weisheit des Herzens – eine Meditation der Liebe

Wenn ich bereit bin, schließe ich die Augen und atme ganz ruhig ein und aus.
Mit jedem Atemzug werde ich ruhiger und ruhiger.
Ich lasse alle Gedanken Gedanken sein und schenke ihnen immer weniger Beachtung.
Leise ziehen sie vorüber. Ich lasse sie einfach dort, wo sie sind.

Immer mehr komme ich mir näher, immer näher, bis ich ganz ich selbst bin.
Stille breitet sich in mir aus, kraftvolle Stille, die mich einhüllt wie ein schützender Mantel.
In der lautlosen Stille lenke ich meine Aufmerksamkeit auf mein spirituelles Herzzentrum in der Mitte des Brustkorbes.
Bewusst nehme ich Kontakt zu der Liebe auf, die in meinem Herzen wohnt.

Eine rosagoldene Flamme der bedingungslosen Liebe lodert in meinem Herzen.

*Mit meinem inneren Auge sehe ich, wie die Luft meines
Atems diese rosagoldene Flamme anfacht.
Mit jedem Atemzug wird die leuchtende Flamme größer
und größer, bis ihr rosagoldenes Licht meinen gesamten
Brustkorb erfüllt.*

*Ich bin bedingungslose Liebe.
Ich war diese Liebe und werde sie immer sein.
ICH BIN.*

*Nun öffne ich ganz bewusst mein Herzzentrum,
gleich einer Blume, die ihren Kelch öffnet.
Das rosagoldene Feuer der Liebe fließt aus meinem Herzen
hinein in die Welt.
Je mehr ich davon gebe, desto mehr habe ich zu
verschenken.
Ich bin immerwährende, unendliche Liebe.*

*Allen Menschen, allen Lebewesen der Erde lasse ich jetzt
diese erwartungsfreie, bedingungslose Liebe zufließen.
Menschen, die ich liebe, und Menschen, die ich hasse.
Menschen, die mir vertraut sind, und Menschen, die mir
fremd sind.
Mit klarer Aufmerksamkeit beobachte ich ihre Reaktionen.*

*Alles, was sich zeigt, ist gut.
Wenn die Menschen die Liebe annehmen,
nehmen sie sie an.
Wenn sie die Liebe ablehnen, lehnen sie sie ab.
Wertfrei sehe ich dem bunten Spiel der Liebe zu.*

Ich lasse mir so viel Zeit, wie ich brauche, um meine universelle Liebe zu verschenken.
Tief in mir werde ich mir der Einheit allen Lebens in dieser Liebe gewahr.
Nach einer Weile verabschiede ich mich herzlich von allen Menschen.
Ich atme etwas tiefer ein und aus, komme langsam in diesen Raum zurück und bin wieder ganz im Hier und Jetzt.

Aus dem Urquell der Liebe geboren, kehre ich wieder dorthin zurück – wenn die Zeit reif ist und die Zeitlosigkeit Wirklichkeit geworden ist.
Jetzt und für immer weiß ich: Mein Herz erinnert mich stets an die universelle Liebe meines göttlichen Ursprungs.

Diese Meditation ist ein kleines Hilfsmittel, um Ihnen den spontanen Zugang zu Ihrem Herzen zu erleichtern. Fällt es Ihnen im Alltag leicht, Menschen urteilsfrei zu begegnen, leben Sie bereits aus der Weisheit des Herzens. Die bedingungslose Liebe ist Ihnen ein bestens vertrauter Wegbegleiter. Wenn es weniger gut gelingt, können Sie mithilfe der Meditation in aller Ruhe zu Hause den »Ernstfall« proben, um dann für den Alltag gerüstet zu sein. Lieben Sie bedingungslos, und Ihre Welt wird sich verwandeln.

Eine kleine Geschichte:
Eine Kommunikation der anderen Art

Zwei Frauen sind auf der Suche nach dem Urquell des Lebens. Eines Tages beschließen sie unabhängig voneinander, sich eine gewisse Zeit lang in ein Kloster zurückzuziehen. Die einzige Bedingung, die sie zu erfüllen haben, ist, während ihres ganzen Aufenthalts zu schweigen. Vielleicht entdecken sie in dieser Erfahrung die Quelle allen Seins?

Beide machen sich zur selben Zeit auf den Weg. Frau A. freut sich riesig. »Wunderbar, hier habe ich endlich Gelegenheit, meinen tiefsten Schatten zu begegnen. Sicher werde ich im Schweigen tiefe, innere Prozesse initiieren«, sagt sie sich.

Auch Frau Z. verspürt große Freude: »In allem, was ich tue, begegne ich Gott, ob ich mich nun in einem Kloster oder mitten im Leben befinde. Ich freue mich auf die Erfahrung des Schweigens, wie immer diese sein wird.«

Gleichzeitig treffen die beiden Frauen im Kloster ein. Es befindet sich in einer alte Klause auf einem Berg in wunderschöner Landschaft. Eine Schwester begrüßt sie mit einem herzlichen Lächeln. Nach kurzen Einführungsworten begleitet sie die beiden in ihre Zellen. Frau A.s Zelle liegt hinter dem Heizraum in einem abgelegenen Teil des Klosters. Neu ausgebaut und eingerichtet stehen ihr ein kleiner Schlafraum mit Schreibtisch und Gebetsecke zur Verfügung sowie eine Dusche mit Waschbecken und WC. Obwohl alles neu erscheint, hat Frau A. sofort den Eindruck, sie würde in einem mehr oder weniger feuchten Keller hausen.

Frau Z. wird unweit von der Küche in einem alten Teil des Klosters untergebracht. Ganz aus Holz mutet ihre Zelle wie eine urige, gemütliche Hütte an. In ihrem relativ großen Schlafraum stehen u. a. eine Art Kachelofen, eine Holztruhe und verschiedene Utensilien zum Einheizen. Im Bad am Ende des Ganges befinden sich Dusche und WC, ein Waschbecken fehlt. Hier erscheint alles sehr alt, dennoch fühlt sich Frau Z. sofort wohl.

Dann sind Frau A. und Frau Z. auf sich gestellt. Wenn sie wollen, können sie die Gebetszeiten der Schwestern am frühen Morgen und Spätnachmittag mitfeiern, ansonsten sind sie alleine – im Schweigen.

Frau A. lässt sich voll und ganz auf ihre Erfahrungen ein. In einer Woche ohne Worte tauchen einige Erlebnisse aus der Kindheit und andere Themen auf und wollen angeschaut und losgelassen werden. Selbst ihre Zelle passt in dieses Bild, hatte sie doch bereits in jungen Jahren das Gefühl, ein »Kellerkind« zu sein. Die inneren Prozesse sind tief, anstrengend und verwandelnd. Frau A. fühlt sich immer wieder erschöpft, als brauche sie ihre ganzen Kräfte für die innere Aufarbeitung.

Auch Frau Z. macht ihre Erfahrungen. Die Hüttenatmosphäre in ihrer Kammer erinnert sie an schöne Kindheitserlebnisse, als sie mit ihren Eltern Ferien auf einer Almhütte erlebte. Sie fließt mit dem Strom des Lebens, und alles funktioniert einfach und leicht. Obwohl sie beispielsweise noch nie einen Ofen eingeheizt hat, klappt es bereits beim ersten Mal. In stillem Zwiegespräch mit der universellen Einen Kraft weiß sie voller Vertrauen, dass das Feuer brennt, noch bevor sie es angezündet hat. In der Stille der Berge öffnen sich weite Räume in ihrem Inneren. Frau Z. erkennt, wie klar und rein der Geist wird, wenn keine gesprochenen Worte den Raum füllen. Je länger sie schweigt, desto intensiver kommuniziert sie mit Gott in ihrem Herzen. Auch sie wird mit einigen Themen konfrontiert. Die Prozesse sind für sie jedoch weniger von Bedeutung. Sie tauchen auf, dürfen da sein und verschwinden wieder – was bleibt, ist die bewusste Verbindung mit der göttlichen Kraft. Frau Z. fühlt sich sehr vital. Wenige Stunden Schlaf reichen, und ihr Körper ist wieder energiegeladen und lebendig.

Kurz vor der Abreise werden beide zu einem Abschiedsgespräch mit einer Ordensschwester gebeten. Auf die Frage, was denn das Wichtigste während der Woche im Schweigen gewesen sei, antwortet Frau A: »Ich bin einigen Schatten begegnet, habe sehr tiefe Prozesse erlebt und alte, vergangene Wunden loslassen können. Ich habe genau das erlebt, was ich erleben wollte.« Auch Frau Z. gibt eine Antwort: »Dankbar erkenne ich in der Stille mein ewiges Selbst. In meinem Inneren ist eine universelle Kraft, mit der ich in ständiger Kommunikation bin, unabhängig davon, ob ich mir dessen bewusst bin oder nicht. Es ist eine Kommunikation der anderen Art, der Stille und des Schweigens.« Zum Abschied erhalten beide noch eine schöne Grußkarte mit den Worten:

»Was hat in deinem Leben Priorität?
Deine Schatten und deren Auflösung
oder das Licht, das keine Schatten kennt?
Triff eine Entscheidung,
denn so gestaltest du dein Leben.«

Die Geschichte zeigt, welche Auswirkungen die Kommunikation mit sich selbst hat. Das, worauf wir unsere Aufmerksamkeit lenken, wird sich im Leben verwirklichen. Frau A. war erpicht auf tiefe Prozesse – und genau die erlebte sie. Frau Z. öffnete sich dem Fluss des Lebens und erfuhr Leichtigkeit und tiefes inneres Vertrauen. Tatsächlich erschaffen wir unsere eigene Welt, bewusst oder unbewusst. Auch unbewusste Gedanken sind eine Form von Kommunikation und zeitigen Ergebnisse in der materiellen Welt. Demnach befinden wir uns ständig in einem willentlichen Schöpfungsprozess und kreieren im Außen das, was wir denken. Wenn wir diesen Aspekt wirklich nachvollziehen können, leitet das den Untergang aller Urteile ein. Was könnte ich noch be- oder verurteilen, wenn ich selbst der Mitverantwortliche alles Erlebten bin? Die Verinnerlichung dieser Gesetzmäßigkeit ist die Voraussetzung für die achtsame Wahrnehmung. Wir öffnen uns dem inneren Raum der Stille und nehmen einfach wahr – alle Gedanken und alle Regungen. Mit innerer Gelassenheit und Ungebundenheit beobachten wir die Ereignisse. Unbeteiligt und ohne wertende Regung ist das, was ist. Somit befreien wir uns aus den intellektuellen Denksystemen und lassen das Leben selbst mit uns sprechen. Nicht mehr der Egowille erschafft nun die eigene Wirklichkeit, sondern der universelle Schöpfergeist, der mit seiner »Kommunikation der anderen Art« in und durch uns Menschen wirksam wird.

Es gäbe noch viele weitere Bereiche, deren Untersuchung in Bezug auf die achtsame Lebensweise sehr interessant wäre. In diesem Buch beschränken wir uns jedoch auf die essenziellen: auf uns als Individuen, auf den sozialen Austausch in der Gesellschaft und auf unseren Lebensraum, ohne den wir nicht existieren könnten. Was für ein Unterschied zeigt sich in der Lebensqualität, wenn wir achtsam mit unserem Lebensraum umgehen?

ACHTES KAPITEL

ACHTSAMKEIT IM LEBENSRAUM

Das, was wir unter Lebensraum verstehen, umfasst sowohl das »menschengemachte« Umfeld wie Städte, Dörfer, Weiler und den persönlichen Wohnraum als auch die natürlichen Lebensräume in Wiese und Wäldern, Sand und Meer.

Achtsamkeit und unmittelbare Umgebung

Gemäß den universellen Gesetzen befindet sich jedes Individuum stets genau am richtigen Ort. Selbst der Heimatort eines neugeborenen Kindes entspricht exakt den Möglichkeiten der Seele, dort zu wachsen und zu reifen. Sind wir dann herangewachsen und beschließen aus welchen Gründen auch immer umzuziehen, kommen neue Herausforderungen auf uns zu, nicht zuletzt im Umgang mit der neuen Region. Jede Umgebung lädt uns ein, in und mit ihr zu wachsen, ob wir uns in einer Großstadt oder einem kleinen Dorf, in Europa, Asien oder Afrika befinden.

In der achtsamen Wahrnehmung ist die Umgebung stets ein Teil unseres Selbst. Im Gewahrsein der universellen Einheit gibt es keine Trennung von innen und außen. Wenn ich gelernt habe, mich selbst achtsam zu behandeln, werde ich auch der äußeren Umgebung meine Achtsamkeit und Aufmerksamkeit schenken. Egal, wo ich mich gerade befinde, tue ich das Bestmögliche für mich, meine Mitmenschen und meine Umgebung. Ich achte z. B. die materiellen Dinge, die mich umgeben, mit Sorgfalt, ohne mich von ihnen zum Sklaven machen zu lassen. Ohne Bindung ehre ich die Materie und lasse in Frieden los, wenn ein Objekt nicht mehr in mein Leben gehört. Mit innerer Achtsamkeit begegne ich der unmittelbaren Umgebung, dem persönlichen Wohnraum. Ich pflege mein Heim mit Freude und halte es sauber. Die Zimmer zeigen eine Ordnung, die fern jeglichen Zwangs liegt. Es ist eine Ordnung des Schönen und Harmonischen, die rein aus bedingungsloser Dankbarkeit für ihren Zweck in Erscheinung tritt. Sollte einmal für kurze Zeit Unordnung herrschen, besteht kein innerer Zwang, diese wieder auszugleichen. Die Einhaltung der Ordnung geschieht in der Haltung innerer Freiheit und Ungebundenheit. Sie spiegelt die eigene innere Klarheit wider, die Leere und Fülle zugleich Raum bieten kann.

Wird Ihr Leben klar und in Ordnung sein, wenn in Ihren Räumen das Chaos herrscht? Können Sie sich dem harmonischen Fluss des Lebens überlassen, wenn Sie zwanghaft Ordnung halten und bereits ein Staubkorn Sie rasend macht? Die äußeren Umstände spie-

geln immer die inneren Zustände wider und umgekehrt.

Sicher kennen Sie das befreiende Gefühl, das sich
einstellt, wenn Sie »ausmisten«, alten Krempel oder
auch Kleidung aussortieren, verschenken oder weg-
werfen. Es ist, als würde alter Ballast abgeworfen und
sich ein neuer Zyklus im Leben öffnen. Sie schaffen
Platz für Neues, auch für neue Erfahrungen. Denken
Sie nur einmal an alte Kleidungsstücke, die seit fünf
Jahren im Schrank hängen und nicht mehr getragen
werden. Das, was einen daran hindert, diese Kleidung
wegzugeben, sind nicht die Teile selbst, sondern die
Erinnerungen, die mit ihnen verbunden sind: »Als ich
diese Hose trug, war ich noch wunderbar schlank und
überhaupt war das die schönste Zeit meines Leben.
Aber wenn ich abnehme, kann ich sie bestimmt wieder anziehen.« So etwa kann es sich ausdrücken, wenn
man partout an alten Zeiten festhalten will.

In der achtsamen Lebensweise ist kein Platz für
Dinge aus der Vergangenheit. Die Vergangenheit ist
vergangen. Trotzdem ehre ich sie und lasse sie mit
Achtung sein, wo sie hingehört. Oft liegen im Gestern
Träume oder Wünsche vergraben, die mich von der
erfüllten Wahrnehmung des jetzigen Augenblicks abhalten. Im Jetzt ist alles von Bedeutung, was ich genau
in diesem Moment in mein Leben einbeziehe. Achtsam entwickle ich ein inneres Gefühl für das, was im
Moment in mein Leben gehört, und achtsam verabschiede ich mich in Dankbarkeit von den Dingen, die
darin nichts mehr zu suchen haben.

Für mich persönlich ist das Abwerfen von Ballast zu einer sehr angenehmen Gewohnheit geworden. In regelmäßigen Abständen überprüfe ich ganz bewusst, was noch in mein Leben gehört und was nicht. Sobald ich etwas ein Jahr lang (manchmal auch kürzer) nicht benutzt habe, wird es aussortiert und mit Dankbarkeit und Freude verschenkt. Meine innere ICH-BIN-Kraft weist mir auch dabei den Weg. Von Zeit zu Zeit erwacht in mir der Impuls, wieder einmal einige Möbel, Utensilien oder Kleidungsstücke mit Achtung wegzugeben. Und meistens findet sich genau zu diesem Zeitpunkt auch jemand, der diesen Gegenstand oder jenes Kleidungsstück sehr gut brauchen kann.

Es gab z. B. einmal eine Zeit, in der ich sehr viele Bücher las. Eines begleitete mich über Jahre; ich las es immer wieder und konnte jedes Mal neue Erkenntnisse daraus ziehen. Dann war die Zeit mit diesem Buch von einem Tag auf den anderen vorbei. Ich vergaß es regelrecht. Als ich dann irgendwann in einem Gespräch mit einem Freund war und wir über eine der großen Fragen des Lebens diskutierten, fiel mir genau dieses Buch ein. Ich erinnerte mich, dass darin eine wunderbare Antwort auf die Frage stand, über die wir sprachen. In diesem Moment hatte ich den Impuls, meinem Freund das Buch zu schenken. Und ich tat es auch. Ein Jahr zuvor hätte ich mich noch nicht davon trennen wollen. Doch je mehr ich mein *Selbst* erkannte, umso mehr Antworten quollen aus meinem eigenen Inneren empor. Und Bücher verloren für mich zunehmend an Bedeutung.

Nach und nach entstand ein produktiver Kreislauf: Je klarer ich wurde, umso mehr sortierte ich aus und je mehr ich aussortierte, umso klarer wurde ich. Im Laufe der Jahre fand ich heraus, dass weniger tatsächlich mehr ist. Wie viel unnütze Dinge es doch gibt, die sich in der Wohnung ansammeln, einzig mit dem Zweck, dort zu verstauben. Und wie viel Zeit damit verbunden ist, diese Dinge sauber zu halten. In der achtsamen Wahrnehmung nimmt alles Wahrgenommene einen veränderten Stellenwert ein. Die einst so überragende Wichtigkeit *einer* Sache verliert sich in der beseelten Kraft, die *allem* zu eigen ist. Der Mensch selbst ist es, der Dingen und Ereignissen eine Bedeutung zuschreibt und damit eine für ihn passende Lebendigkeit erschafft. Diese kann sich negativ oder positiv äußern, hat aber in der dualen Erscheinung nur ein Ziel: den Menschen auf seine Bindungen, Identifikationen, Glaubenssätze und Dogmen aufmerksam zu machen und die endlose Weite des leuchtenden Bewusstseins zu fördern.

Hat also beispielsweise ein bestimmtes Dekostück in Ihrer Wohnung für Sie eine ganz besondere Bedeutung und bereitet Ihnen bereits der Gedanke, es wegzugeben, ein flaues Gefühl im Magen, so deutet dies auf irgendeine Identifikation hin. Vielleicht verbinden Sie mit dem Gegenstand die Erinnerung an einen lieben Menschen oder an eine schöne Begebenheit. Ein jeder von uns hat solche Bindungen. Und solange das so ist, schauen wir uns die Zusammenhänge einfach an und ehren sie. Das ist alles, was wir tun können, *wenn* wir etwas tun wollen. Wir achten sie in Dankbarkeit – und zu gegebener Zeit entdecken wir in allem, was uns umgibt, das »Besondere«; nicht nur in einzelnen Objekten, sondern in allen Menschen, in uns selbst, in allen Tieren, Pflanzen und Gegenständen, die in der materiellen Welt in Erscheinung treten. Und in dieser Wahrnehmung entdecken wir, dass das »Besondere« – gleich einem schattenlosen Licht – keinen Gegenpol mehr besitzt. Die Dualität ist erloschen – in uns und in unserer Wahrnehmung. Aus »Habenwollen« und »Haben« ist »Sein« geworden.

Wenn Sie Lust haben, können Sie Ihr unmittelbares Umfeld ja auch einmal daraufhin untersuchen. Inwiefern bewerten Sie die Personen, die darin eine Rolle spielen, die Gegenstände, die Wohnung, den Garten, die Nachbarn, den Beruf, die Stadt, in der Sie leben? Nehmen Sie achtsam wahr, öffnen Sie Ihren Denkraum. Erfahren Sie die universelle Präsenz, die allem innewohnt. Allen Menschen, allen Gegenständen in Ihrer Wohnung, allen Häusern in Ihrer Stadt usw. Spüren Sie die Weite, die sich in Ihnen und in Ihrer Umgebung ausbreitet. In diesem grenzenlosen Gewahrsein überprüfen Sie, was wirklich in Ihr Leben gehört. ICH BIN zeigt Ihnen vertrauensvoll den Weg. Was brauchen Sie, um Ihr Leben mit Liebe und Freude zu gestalten? Es gibt keine Grenzen, weder nach oben noch nach unten. Lassen Sie sich Zeit im Aussortieren und vertrauen Sie darauf, dass das, was Sie nicht mehr benötigen, den richtigen Platz findet. Es kommt zu Menschen, die genau das gesucht haben. Und ver-

»Im Loslassen entsteht Freiheit.«

trauen Sie auch darauf, dass alles zu Ihnen kommt, was Sie wirklich brauchen. Nehmen Sie achtsam sowohl die Leere als auch die Fülle an und kreieren Sie Neues zum Wohle der gesamten Gesellschaft.

Wie innen, so außen; wie außen, so innen. Das zwanglose Ordnen und Aussortieren ist eine sehr einfache Möglichkeit, dem Leben mehr Klarheit und Bewusstsein zu geben. Im aufgeschlossenen Gewahrsein wissen Sie sehr genau, was im Moment zu Ihnen gehört und was Sie verschenken können. Oder welche Menschen Ihnen guttun und von welchen Sie sich besser zurückziehen. Es ist eine Bestandsaufnahme im Jetzt. Sie achten sich selbst und sind im Fluss. Bereits morgen kann sich das Bild im Strom des Lebens schon wieder verändert haben.

Eine achtsame Lebensweise vereinfacht das Leben ungemein. Sowie Sie Ihre nähere Umgebung mit immer größerer Achtsamkeit lieben lernen, entziehen Sie Auseinandersetzungen und Lebensweisen, die Sie als unangenehm empfinden, weil Sie Ihrer eigenen zuwiderlaufen, die Wurzel. In allem erkennen Sie den Schöpfergeist und erfahren somit im Außen sich selbst. Je mehr Sie Sie selbst sind, umso mehr entdecken Sie auch im Außen das wahre, göttliche Selbst jenseits aller Konfessionen und Dogmen. In Menschen, in der Natur und in allen möglichen Erscheinungen des endlosen Kosmos.

Achtsamkeit und Natur

Die Natur bietet uns großartige Möglichkeiten, Achtsamkeit zu üben, zu integrieren und wertvolle Schlüsse daraus zu ziehen. Wenn wir uns darauf einlassen, führt sie uns über die äußere harmonische Stille in den eigenen Raum der Lautlosigkeit. An Orten, die von Menschenhand gemacht wurden, herrscht oft eine bedrückende Überflutung mit äußeren Reizen. Der Natur ist das wesensfremd. In der Natur hat alles eine Ordnung, von der wunderbare Harmonie ausgeht. Hier hat alles seinen Platz, und aus der bunten Vielfalt der einzelnen lebendigen Existenzformen entsteht der Kreislauf des Lebens. Selbst das Zurückentwickeln und Sterben bringt neues Leben hervor. In den Zyklen des Lebenskreises geht nichts verloren; alles bleibt erhalten. Betrachten wir den Lebenslauf eines Samenkorns. Er beginnt im fruchtbaren Boden der Erde und endet dort auch wieder. Dazwischen durchbricht der keimende Same die Erde, entfaltet sich, strebt dem Licht entgegen, trägt Früchte und Samen, bis die Pflanze welkt und wieder vergeht. In diesem scheinbaren Sterben trägt sie bereits den Impuls zu neuem Leben in sich. Das Ende führt zu einem neuen Anfang und umgekehrt. So ist jedes Sterben eine Geburt und jede Geburt ein Sterben. Und kein Neubeginn gleicht dem anderen. Es ist, als wäre der Weg eine Spirale, die nach jeder Vollendung eines Zyklus eine neue Ebene erschließt.

Die achtsame Betrachtung der Natur in all ihren Facetten offenbart im Laufe der Zeit tiefe Erkenntnisse und Zusammenhänge. Wenn Sie Freude daran haben, stimmen Sie sich doch einmal ganz auf die Natur ein. Entweder real, während eines Spaziergangs oder jetzt, in diesem Augenblick, mithilfe Ihrer Vorstellungskraft. Malen Sie sich aus, dass Sie allein auf einer Lichtung im Wald sitzen. Öffnen Sie ganz bewusst all Ihre Sinne. Was nehmen Sie wahr? Sie sehen das bunte Grün des Mischwaldes, dunkleres Grün der Nadelbäume und das leuchtende helle Grün der Buchenblätter oder des Ahorns. Einige prächtige Blumen wachsen in der Waldlichtung. Bienen, Hummeln und andere Insekten huschen an Ihnen vorbei. Sie hören Vogelgezwitscher, das Summen der Insekten, das Rauschen des Windes in den Wipfeln der Bäume, ein Knistern im Gehölz. Sie riechen die Frische des Waldes, würzig und rein, und der Wind weht Ihnen übers Gesicht, als wolle er Ihre Gedanken auf seine Reise mitnehmen. Die Sonne wärmt und nährt Sie mit der kraftvollen Energie des Lichts. Sie nehmen den Boden unter Ihren Füßen wahr. Sie spüren Ihre Verbindung mit der Erde und dass sie Sie trägt und hält. Mit Ihrem physischen Körper sind Sie Teil dieser Erde und mit Ihrem Geist Teil der Unendlichkeit. Seien Sie ganz präsent und nehmen Sie sehr bewusst wahr.

Wenn es Ihnen schwerfällt, diese Fantasiereise zu unternehmen, sollten Sie bei nächster Gelegenheit einen Spaziergang in die Wiesen und Wälder oder in einen größeren Park machen. Suchen Sie sich dort ein ruhiges Plätzchen und versuchen Sie, sich vollkommen auf das Wesen der Natur einzulassen. Dabei wird Ihre Beziehung zum natürlichen Lebensraum eine andere werden. Intensiver, vertrauter, vielleicht sogar Grenzen sprengend, wenn Sie im Laufe der Zeit die Beseeltheit und Lebendigkeit in der Natur erfahren. Aus Achtsamkeit entsteht Achtung, aus Achtung Liebe und aus Liebe pure Glückseligkeit. Von nun an wird es Ihnen unmöglich sein, den Erscheinungen, denen Sie achtsam begegnen, Schaden zuzufügen. Da Sie sich als Teil des Ganzen empfinden, würden Sie die willentliche Zerstörung als eigenen Schmerz empfinden. Im Einklang mit dem gesamten Kosmos wissen Sie, wenn eine Umwälzung in der Natur der größeren

Ordnung dient. Als Geist des Lebens in allem erforschen Sie die Reiche der Natur und segnen sie freudvoll mit Ihrem Sein.

Lassen wir uns in der Tiefe auf die Gesetzmäßigkeiten des natürlichen Lebensraumes ein, können wir sehr viel über das irdische Dasein erfahren. Der Geist des Lebens selbst zeigt sich in der Natur als Spiegel der Existenz des Menschen. Achtsam lernt der Mensch, sich als integrierten Teil der Natur zu verstehen. Früher gab es viele Völker, die eine solche Lebensweise praktizierten. Sie verehrten die Erde als Mutter und den Schöpfer als Vater. Sie bilden eine untrennbare »Einheit«, die aus der achtvollen »Zweiheit« das ehrenvolle »Dritte« schafft und somit Lebensraum und Menschsein erst ermöglicht. Diese Menschen lebten mit dem Pulsschlag der Erde und fügten sich harmonisch in deren Umfeld ein.

Moderne Menschen haben die Beziehung zur Natur und den langsameren Rhythmen des Lebens oft verloren. Sie passt nicht in eine rationale Welt und kann folglich als nicht weiter beachtenswert hintangestellt werden. In letzter Zeit findet jedoch wieder ein Umdenken statt. Umweltverschmutzungen, der Treibhauseffekt, die Auswirkungen der Abholzungen von Milliarden von Bäumen haben die Menschen aufhorchen lassen. Ist die Natur doch wertvoller als sie lange Zeit glaubten? Es wird über Klimaschutz diskutiert, die Aufforstung der Regenwälder, die Nutzung von erneuerbaren Energieressourcen usw.

»Dem beseelten Menschen
offenbart die beseelte Natur
ihre Geheimnisse.«

Für den Menschen auf dem Weg der Achtsamkeit ist es eine Selbstverständlichkeit, die natürlichen Lebensräume zu schützen und die Erde als lebendigen Organismus zu betrachten. Wenn Sie die Erde in freiem, aufgeschlossenem Gewahrsein wahrnehmen, verbinden sich Ihre Energiefelder mit denen unseres Planeten. Die Trennung von Ich und Außenwelt löst sich auf. Innere Informationsströme tauschen sich aus und tanzen wortlos den Tanz der Vollkommenheit.

Ich möchte Sie ermutigen, sich für das vielfältige Wesen der Natur zu öffnen. Die Lebendigkeit der Erde wird Sie an Ihre eigene Unvergänglichkeit erinnern. Die erwartungslose Achtsamkeit den Naturwelten gegenüber wird Erfahrungen hervorrufen, die nicht mit Gold aufzuwiegen sind. Je tiefer Sie in die Zusammenhänge des Mikrokosmos eindringen, desto deutlicher erkennen Sie im Kleinen die Gesetzmäßigkeiten des Großen, im Mikrokosmos den Makrokosmos. Freuen Sie sich auf die Erfahrungen, die die Natur für Sie bereithält.

Praxis der Achtsamkeit: Die Elemente der Erde

Die letzte Übung widmen wir der achtsamen Wahrnehmung von Mutter Erde.

Such dir einen gemütlichen Platz in deiner Umgebung, zu Hause oder in der stillen Natur und mache es dir ganz bequem. Erlaube dir jetzt, Zeit nur für dich und deine Erfahrungen zu haben. Heute wirst du den Elementen der Erde begegnen; sie werden dir eine Kraft zeigen, die auch die deine ist.

Nun stell dir vor, du machst einen Spaziergang in unberührter Natur. Strahlender Sonnenschein hat dich nach draußen gelockt, und voller Freude genießt du die Lebendigkeit des Sommers. Nachdem du eine Weile gegangen bist, suchst du dir ein schönes Rastplätzchen. Schau dich um, irgendwo ist ein Fleckchen Natur, das genau passend für dich ist. Lass dich nieder und mach es dir richtig bequem. Nun lade die Elemente der Erde zu dir ein, eines nach dem anderen. Freue dich auf sie, sie wollen dir ihre Fähigkeiten präsentieren.

Mach dich bereit für das Element des Feuers. Blicke in deiner Vorstellung in die Sonne und sei dir ihrer Lichtkraft gewahr. Lass dich vollkommen auf sie ein. Du kommst der Sonne immer näher, immer näher, genau so weit, wie es gut für dich ist. Die Sonnenstrahlen durchdringen dein Sein. Heilige Lichtkraft prägt sich dir ein. Du bist dir deines eigenen Lichts bewusst. Lass dich von den Sonnenstrahlen erleuchten und nimm die Botschaft wahr, die sie für dich bereithalten. Verabschiede dich dann langsam wieder von der Sonne und mach dich auf den Weg zum Element Wasser.

Es zeigt sich dir als plätschernder Bach. Fröhlich brichst du auf, seinen Ursprung zu suchen. Es dauert nicht lange und du bist an der Quelle angelangt. Ein Wasserfall entspringt sanft dem schimmernden Weiß der Felsen und fließt in ein großes Becken aus wunderschönem Marmor. Das Element des Wassers lädt dich zu einem reinigenden Bad ein. Du entkleidest dich und steigst in das Becken. Noch gewärmt von den wohltuenden Strahlen der Sonne empfindest du die Temperatur des Wassers als sehr angenehm. Lauwarm umfließt es deinen Körper. Nach einer Weile stellst du dich direkt unter den reinigenden Wasserfall. Millionen glänzender Wasserkristalle prickeln auf deiner Haut und erfrischen deine Seele. Das Wasser reinigt deine Emotionen, erneuert und belebt deinen Körper. Intensiv nimmst du das sanfte und zugleich kraftvolle Wesen des Wassers wahr und öffnest dich für seine Botschaft. Nach einer Weile entsteigst du dem Becken, kleidest dich wieder an und verabschiedest dich vom Element Wasser. Erfrischt und ausgeglichen machst du dich erneut auf den Weg. Nach einer Weile bist du bereit für das nächste Element, die Luft.

Ein leises Windchen kommt auf und berührt dein Gesicht. Es umschmeichelt dich in einem vibrierenden Tanz und umkreist dich mit sanfter Kraft. Dann wird der Wind etwas stärker. Und wenn du bereit bist, tanzt du mit ihm in die Lüfte. Du lässt dich tragen und erfährst die reinigende Kraft, die dem Wind zu eigen ist. Kraftvoll reinigt das Element Luft deine Gedankenfelder. Während du mit dem Wind durch die Lüfte fliegst, entdeckst du seine Energie. Lass sie vollkommen auf dich wirken und öffne dich für die Botschaft des Windes. Wenn du dann bereit bist, verabschiede dich wieder, lande sanft auf dem Boden und begegne bewusst dem letzten Element, der Erde.

Du sitzt wieder an deinem gemütlichen Platz in der Natur, beide Hände liegen auf dem Boden. Du spürst die starke Energie der Erde. Die Erdkraft dringt als roter Strahl über das Steißbein in deinen Körper ein und fließt die Wirbelsäule entlang langsam immer höher und höher, bis sie deinen gesamten Körper durchdringt. Spüre, wie die Erde dich trägt, erhält und beschützt. Lass dich vollkommen auf sie ein und öffne dich für ihre Botschaft. Wenn du so weit bist, verabschiede dich.

Nach einiger Zeit erhebst du dich wieder, dankst allen Elementen von Herzen für ihre weisen Botschaften und kehrst ins Jetzt zurück. Du streckst deine Glieder, räkelst dich, öffnest die Augen und bist wieder ganz im Hier und Jetzt.

Eine kleine Geschichte:
Achtsamkeit und Erleuchtung

Ein Mönch zieht sich für sieben Jahre in eine einsame Klause auf einem Berg zurück und meditiert. Achtsam nimmt er wahr, was ist. Im ersten Jahr öffnet sich ihm das Geheimnis der Erde. Er durchdringt die Erdkraft und löst die Identifikation mit der Materie. Im zweiten Jahr öffnet sich ihm das Geheimnis des Feuers. Er durchdringt die Feuerkraft und wird Herr über das Licht der Sonne. Im dritten Jahr öffnet sich ihm das Geheimnis des Wassers. Er durchdringt die Kraft des Wassers und wird Meister über die Ozeane der Welt. Im vierten Jahr öffnet sich ihm das Geheimnis der Luft. Er durchdringt auch dieses Element und wird Gebieter über die Winde des

Kosmos. Vom fünften bis zum siebten Jahr lernt er, sich aller Kräfte gleichzeitig zu bedienen – die Erleuchtung naht.

Im letzten Jahr zieht eines Abends ein schweres Gewitter auf. Die Elemente versammeln sich am Himmel und spielen ihr ewiges Spiel. Plötzlich schlägt in unmittelbarer Nähe der Klause ein heftiger Blitz ein – und der Mönch erfährt Erleuchtung. In heiterer Glückseligkeit erhebt er sich und läuft ins Tal zu seinem Meister. Vor dessen Tür zieht er die Schuhe aus, betritt den Raum und berichtet freudestrahlend: »Meister, Meister, ich bin erleuchtet, ich bin erleuchtet ...« Der Meister lächelt ihn an und fragt: »An welcher Seite der Tür hast du deine Schuhe abgestellt?« Fragend blickt der Mönch den Meister an. Dieser wiederholt sanft: »Auf welcher Seite befinden sich deine Schuhe?« Der Mönch lässt sich nicht beirren und erwidert: »Aber, Meister, ich bin erleuchtet, was für eine Rolle spielen da meine Schuhe?« Der Meister spricht: »Wenn du nicht weißt, wo deine Schuhe sind, gehe für weitere sieben Jahre zurück auf den Berg, praktiziere Bewusst-Sein und nimm wahr, was ist.«

ZUM AUSKLANG

Unsere gemeinsame Zeit ist nun bald zu Ende und jeder geht wieder seiner eigenen achtsamen Wege. Eingangs erwähnte ich bereits, dass ein achtsames Leben nur der Entscheidung dafür bedarf. Und in der Tat, so ist es. Ein Freund sagte einmal zu mir: »Tagtäglich hast du unzählige Entscheidungen zu treffen. Tue alles, wofür du dich entschieden hast, mit Freude.« Diese Worte möchte ich auch Ihnen ans Herz legen. Wenn Sie sich immer wieder für ein achtsames Leben entscheiden, tun Sie es mit Freude. Wenn Sie sich für ein weniger achtsames Leben entscheiden, tun Sie auch das mit Freude. Kurzum, stehen Sie zu Ihren Entscheidungen, wie immer sie auch ausfallen mögen. Wenn Sie sich nur an diesen einen Satz erinnern, wird das Leben ein Spiel.

Achtsame Wahrnehmung lässt alle Menschen Wunder erleben, große und kleine. Sie freunden sich mit der einzig existierenden Gegenwart an. Sie sind völlig präsent und erfahren die Formlosigkeit Ihrer eigenen Existenz. Sie erkennen die Ewigkeit hinter der Endlichkeit, die Grenzenlosigkeit hinter allen Grenzen und geeintes Bewusst-Sein hinter allen Erscheinungen.

Tun Sie alles, was Sie tun, mit klarem Bewusstsein. Wenn Sie einen Apfel essen, denken Sie nicht an Ihren Durst, und wenn Sie einem Freund zuhören, denken Sie nicht bereits an die Antwort, die Sie ihm geben wollen. Das ist schlussendlich die Quintessenz allen Wissens über die Achtsamkeit.

In diesem Buch habe ich versucht, die verschiedenen Aspekte eines achtsamen Lebens zu beleuchten und seine Gesetzmäßigkeiten immer wieder von einer anderen Warte aus zu betrachten. Vielleicht hat es in Ihnen Impulse freigesetzt, das Leben neu zu entdecken. Vielleicht hat die Faszination eines achtsamen Lebens auch Sie in Ihrem Inneren berührt. Und vielleicht lassen Sie bald alles Gewusste hinter sich und sind einfach das, was Sie sind.

In diesem Sinne wünsche ich Ihnen ein gesegnetes und achtsames Leben in bedingungsloser Liebe und grenzenloser Freude.

Ihr Kurt Tepperwein

LESERSERVICE

Kurt Tepperwein persönlich
oder in einem Heimseminar erleben!

Wünschen Sie tiefer in das Thema dieses Buches
einzusteigen, dann empfehlen wir Ihnen die folgende
Chance zu nutzen *(Gewünschtes bitte ankreuzen!)*:

Seminare/Ausbildung

- ❏ Motivationsseminare mit verschiedenen Themen (Tagesseminare)
- ❏ Ausbildung zum Dipl. Lebensberater/in

Ausbildungen mit Felix Aeschbacher

(Lehrbeauftragter von Kurt Tepperwein):

- ❏ Dipl. Mental-Trainer/in
- ❏ Dipl. Bewusstseins-Trainer/in
- ❏ Dipl. Intuitions-Trainer/in
- ❏ Dipl. Seminarleiter/in
- ❏ Meditations-Trainer/in (Zertifikat)

Heimstudienlehrgänge

- ☐ Einführungslehrgang »Die 7 Schritte zur Erfolgs-persönlichkeit«
- ☐ Dipl. Lebensberater/in
- ☐ Dipl. Mental-Trainer/in
- ☐ Dipl. Intuitions-Trainer/in
- ☐ Dipl. Seminar-Leiter/in
- ☐ Dipl. Erfolgs-Coach/in
- ☐ Dipl. Gesundheits- und Ernährungs-Berater/in
- ☐ Dipl. Partnerschafts-Mentor/in

Gesamtprogramme

- ☐ Gesamtseminar- und Ausbildungsprogramm IAW
- ☐ Neuheiten der Bücher, CD- und DVD-Programme von Kurt Tepperwein
- ☐ Gesundheitsprodukte-Programm

Dazu ein persönliches Geschenk

- ☐ Die 20-seitige Broschüre »Praktisches Wissen kurz gefasst« von Kurt Tepperwein

Sie erhalten Ihre gewünschten Informationen selbst-verständlich kostenlos und unverbindlich bei

Internationale Akademie der Wissenschaften (IAW)
St. Markusgasse 11. FL-9490 Vaduz.
Tel. 00423 233 12 12 – Fax 00423 233 12 14
Deutschland Tel. + Fax 0911 69 92 47
(Beratungssekretariat)

E-Mail: go@iadw.com – Internet: www.iadw.com

Die Kraft der Engel in den Alltag bringen

Kurt Tepperwein
Leben in der Gegenwart der Engel

Himmlische Kraft und heilende Worte
für jede Lebenslage
192 Seiten, broschiert
ISBN 978-3-453-70099-4

HEYNE‹